U0143056

幼兒班級經營

黃世鈺 著

參版序

　　對幼兒教師來說，從規劃具體的學習環境、安排課程、設計活動、餐飲照顧、行為輔導；以至於無形的班級氣氛、紀律規範、親師溝通……等，都是每天循環的班級經營要務；這些重要的基本能力，也是「幼兒班級經營」一書著筆的指標。

　　以淺白敘述，讓基礎學理容易理解與接受，並能減少類化上的阻力，以零遷移的助力，讓讀者在融會貫通後，自然而然內化而身體力行於日常教學與生活情境中，是作者一貫嘗試撰寫兼具學理與實務之幼兒教育相關學術著作的努力。

　　適逢「幼兒班級經營」參版付梓，作者除進行全書潤飾與修訂外，並依據完形心理學（Gestalt Psychlogy）統整學習原理，在各章章末增加重點整理表，期望能在讀完每一章後，可得窺全章風貌、並從提綱挈領中掌握學理架構與實務案例。

　　耕耘學前教育，是建構整體教育的根本之道與關鍵起步，「本立而道生」，熟習幼兒班級經營尤為落實學前教育不可或缺的基礎建設。

　　除了深謝讀者持續針砭與方家不吝斧正外，作者仍要感謝五南圖書公司支持印行。讓我們攜手共勉於教育園地。

黃世鈺　謹識於

國立高雄應用科技大學教育學程中心

2003 年 8 月

　　"幼兒班級經營"一書,主要在以幼兒教師一天中帶引幼兒的輔導流程為經,師生互動為緯,提供幼兒教師實際運作與處理上的參照。作者從歷年參與教育實習、輔導區考評與臨床教學的理論與實務經驗中深刻體會,有必要撰寫如何適性處理幼兒學習歷程相關知能的資料,和位居第一線的幼兒教師分享與討論。

　　全書包括:好老師的特質、幼兒教師應具備的能力、美好一天的開始、早餐與點心、團體時間、課程安排、角落學習區、遊戲教學、語言、學習紀律與整理及親師交流與溝通等十章。

　　第一、二章為教師在幼兒班級經營的專業素養與知能,第三至十章則為教師在幼兒班級經營的實務技巧。

　　本書延續作者嘗試以淺顯文字與實務知能傳遞幼教理念、盼以功能性觀點協助關心幼教者能縮短知行差距,並能學以致用的努力。作者在書中儘求白話敘述,也省略原文字源的呈現，意使幼教老師及家長們，能平順閱讀。

　　作者任教幼教系多年，經常自我期勉左手研究、右手推廣，務使理論認知能成為實務工作的觀念導引、而實務工作能作為理論發展的針砭。

　　近年間，作者有機會和許多第一線的幼教老師們一起活動和學習，每想起許多資深幼教老師們，謹守崗位，孜孜砭砭的辛勤劬勞，油生景仰的心情。這是一本由作者彙聚學理認知與臨床實務的小書，沒有任何艱深、聱牙的原文和引註。作者希望用最淺顯的文字，能和所有幼教工作者一起成長，也盼望個人小小的努力，能對一直無法進入師院進修的幼教伴們有所幫助。

　　全書能完稿付梓，要深謝經常不吝指正的師長前輩，以及五南圖書出版公司的支持。深盼讀者惠予匡正，不勝感荷。

黃世鈺　謹識於嘉義大學
中華民國八十八年二月

第一章 好老師的特質　1

第一節 溫馨　*3*
第二節 善體人意　*5*
第三節 專注　*7*
第四節 公平　*9*
第五節 富幽默感　*14*
第六節 是好的聽眾　*17*

第二章 幼兒教師應具備的能力　23

第一節 安排與維護安全、健康的學習環境　*25*
第二節 培養幼兒積極的自我概念與獨立性　*33*
第三節 熟稔學前教育的課程領域與內容　*38*
第四節 善用啟發幼兒心智能力的教學方法　*42*
第五節 觀察與記錄　*52*

第三章 美好一天的開始　57

第一節 幼兒到園　*59*
第二節 學習活動中　*63*
第三節 幼兒回家　*66*

第四章 早餐與點心　71

第一節 入園（所）前的用餐　*73*
第二節 幼兒早餐與點心的性質　*75*
第三節 園（所）的措施　*77*

第五章 團體時間　85

第一節 混齡學習　*87*
第二節 導生合作　*90*
第三節 協同教學　*92*

第六章　課程安排　97

第一節　家長的期許　*99*

第二節　幼兒課程安排的型態　*102*

第三節　園(所)的課程安排實例　*105*

第七章　角落學習區　109

第一節　角落學習區的由來　*111*

第二節　角落學習區的發展型態　*113*

第三節　角落學習區的分類　*114*

第四節　幼兒教師的任務　*117*

第八章　遊戲教學　121

第一節　幼兒認知性學習的遊戲教學　*123*

第二節　幼兒遊具性學習的遊戲教學　*126*

第三節　幼兒資源性學習的遊戲教學　*129*

第九章　語言學習、紀律與整理　135

第一節　語言發展與學習　*137*

第二節　人際互動與群性　*139*

第三節　紀律與自我引導　*141*

第四節　整理與收拾　*146*

第十章　親師交流與溝通　153

第一節　營造與組織親師交流的接觸機會　*155*

第二節　勤於溝通　*161*

前言

幼兒班級經營（Classroom management for preschoolers），又稱幼兒課室（活動室）經營；如果單從字面上轉譯，也有稱作幼兒班級管理的說法。不稱「班級」，在於從硬體的角度言，幼兒的「教室」通常名之為「活動室」，意在強調是供幼兒活動的場所，有遊戲、律動、非結構化的涵義；不用「管理」，在於強調經心營造、具有循循善誘、引導啟發的精神，亦有別於管理一詞予人心智訓練、威權與強制的嚴謹意涵。本書採用「幼兒班級經營」，則係依據部定課程名稱而取。

「班級」是一個具象的硬體空間，也是一個由師生共同組成的團體；「經營」含有設計、規劃與運作的過程，目的在於發揮教育的功能，並獲致學習的效果。換言之，幼兒教師在引導幼兒學習歷程中，對有關幼兒的一切人、事、物、情境等之處理，均為「幼兒班級經營」的範圍。

幼兒是學習的主體，幼兒教師是班級經營的靈魂，兩者密不可分。從一早入園（所）開始，班級經營的序幕於焉開始，一直到最後一名幼兒回家，老師仍須為明日教學與活動、家長聯繫、餐點、活動器材、其他行政與各種記錄繁忙。

「幼兒班級經營」是教師每天的必要的工作流程，合宜的班級經營可以促進教育潛移默化的效果，有助於幼兒正向行為的發展，降低偏差行為的出現率，以及解決紀律要求的問題；具有班級經營的正確認知與實務技巧，尤其是一位專業教師應必備的基本素養。

如何妥善規劃與進行幼兒班級經營，使幼兒的學習能達到最好的效果、使教師的用心能有最佳的發揮，無疑是所有關心幼教者一向矚目的課題。

第一章　好老師的特質

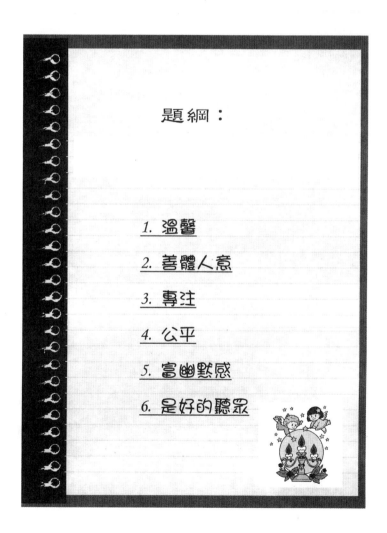

題綱：

1. 溫馨

2. 善體人意

3. 專注

4. 公平

5. 富幽默感

6. 是好的聽眾

很多家長喜歡把幼兒送到令人感覺溫和、耐性的老師班上。從事幼兒教育工作的園、所長，以及老師們都同意：溫和與耐性，確實是幼兒教師最吸引孩子的魅力！

好老師的特質，並不全然是與生俱來的，更重要的是經由後天的自我覺察、意識、進一步努力涵養而養成。

作為一個稱職、優秀的幼兒教師，除了健康的身體外，在心理成熟度上，尤其需要具備溫馨、善體人意、專注、公平、富幽默感、以及是好的聽眾……等可貴的特質。

第一節 溫 馨

──讓幼兒和老師在一起時有溫暖與舒服的感覺

例如：面帶微笑，或者是透過肢體語言的擁抱、牽手和摸頭的動作，也能讓孩子感到親切，喜歡接近老師。

幼兒教師可以嘗試用下列方式，培養與表達溫馨之情：

一、時時對孩子保持溫和、關懷的眼神和視線─

談話時彎下腰或蹲下身，師生保持視線接觸與平視，最容易讓幼兒體會到老師無限的關懷與愛意，也是最容易讓融合師生的感情了。幼稚園、托兒所是幼兒接觸的第一所「學校」，老師的溫馨，往往是縮短師生距離、消除幼兒對陌生環境的恐懼與，排斥心理、延續幼兒繼續上學，喜歡到幼稚園、托兒所的最大助力。

二、鬆弛臉部的表情─

幼兒教師雖然工作忙碌，但是可以從放鬆臉部表情上讓自己習得溫馨的神態；有時候，用孩子的語言和幼兒打成一片，拉近師生的距離，也讓孩子感受到無比親切和溫馨。放鬆表情的老師會經常面帶笑容，笑容是最通行的國際語言，老少咸宜；也是幼兒教師在成天忙碌中最佳的緩衝劑、與無價的美容聖品。

三、營造教師與班級幼兒間的溫馨氣氛——

溫馨是一種感覺：表現在師生互動的語言溝通與肢體接觸上，從幼兒一早入園的噓寒問暖開始；溫馨是一種吸引力、是一種可以感受到的舒服和歸屬感，包含在幼兒衝突的化解、情緒起伏的緩衝裡；不需要言傳，溫馨的老師讓自己心平氣和、讓幼兒有心理安全的依附性、讓家長有託付得人的放心感，是幼兒教師寶貴的特質。

溫馨是幼兒教育中師生互動的起步，溫馨的老師有如柔和的春風，讓孩子喜歡並主動親近，無關美醜與衣著，因為孩子和溫馨的老師在一起，有被照顧、被呵護的舒服感。

第二節 善 體 人 意

——讓幼兒有"老師和我同一國的"感覺

幼兒教師的善體人意，表現在下列地方：

一、當幼兒犯錯時——

老師用溫和的態度慢慢的告訴幼兒錯在哪裡？為什麼錯了？下次要改過來、不要再犯錯了，仍然是爸媽和老師心目中的乖寶寶、一級棒！……兒語化、鼓勵性的循循誘導，遠比憤怒的表情、責罵的語氣來得有效；而且，還能避免不良的、錯誤的身教。

二、接納每一位幼兒的個別差異——

善體人意的老師，知道每一位孩子的個性和差異，也知道如何拿捏孩子獨特的氣質、用孩子聽得懂的話、善用「投其所好」的增強方法、以教育孩子的心情（不是氣得不得了、要給一點顏色看、或者是要"殺雞儆猴"的處罰想法）引導孩子；不會用同一種方法來教所有的孩子、也不會強制每個孩子穿同一尺碼的鞋；善體人意的幼兒教師知道如何因勢利導，選擇適合孩子身心成熟與認知感受相符合的策略開導幼兒。

例如：有一則：「順毛而梳」的俚語故事。因為知道掌握一條狗身上所長的毛的生長方向，順著梳理，所以每逢主人梳毛，狗兒總是乖巧服貼，當

然，和主人間的關係也就更親密了。這是一則啟示
教師要懂得幼兒心理，因勢利導的實例。

三、善用同理心的思考模式——

善體人意也是同理心的表現，幼兒教師能基於
幼兒的立場設身處地，也就不會對幼兒做不當的要
求，包括在學習上，能提供適性學習，讓孩子學習
適合其能力、心理、生活發展的內容，並且會以孩
子能接受的方法來教。

四、從幼兒的角度看事情——

幼兒教師的了不起在於經常要在自己和幼兒的
角色間抽換。在引導幼兒時，是一個成熟的個體：
必須用理智的方法、不可以訴諸情緒、妥善地按部
就班處理事情；但是，在運用方法時，又要退回到
幼兒的立場去將心比心，才能求得效果；進退之
間，是經驗的累積、也是智慧。

幼兒教師要念茲在茲：降低年齡、用六歲前幼
兒的想法來看周圍的人、事、物，用感同身受的接
納與包容來體會孩子在生長過程中的所有反應。

第三節 專 注

——讓幼兒有"老師正在看著我、聽我說話"的感覺

這些感覺可以讓幼兒從老師下面的專注性加以體會：

一、專注性的眼神——

在面對幼兒的時候，要集中精神、把目光停留在孩子的臉上，和善而專心地針對幼兒陳述的事情給予回應。即使非常煩躁和忙碌，也可以溫和的告訴孩子：「老師現在有事，請等一下再說」，儘量不要敷衍幼兒的問題。

老師只要能夠降低身高和孩子保持平視，就可以傳達專注的眼神。眼睛是靈魂之窗，幼兒看得到老師的專注，便能夠體會到老師的接納，師生的默契、對老師的信賴，都會在這靈犀互通的喜悅裡頭發酵。

二、專注性的表情——

在傳達溫和、凝視的目光之際，老師表現出聽得懂、點頭、領首的同意表情，或是感同身受的喜、怒、哀、樂："對啊！就是這樣！"，"哼！這麼不公平，要是我也受不了！"，"好可惜喔，就差那麼一點點！"……；能讓幼兒得到情緒上的支持，知道老師對自己的重視，小心靈裡會油生一股快樂

的感覺。

在專注中，老師也在欣賞孩子的說話、聲音、語調、以及被老師注意的滿足感。

不必誇張、老師的微笑、肯定的語氣、凝神傾聽的側著頭、小小的附和……專注的表情就在其中。

三、專注性的姿勢——

幼兒教師斜彎著身體或用蹲下來的高度，加上摟著、或者是輕輕拍著幼兒的肩、背；撫摸幼兒的頭、和孩子保持傾聽、肯定、有反應的對談，在表現良好的地方加上讚許地翹起大拇指，表示鼓勵；得到老師如此專注的反應神態，真叫人羨慕孩子的福氣！

專注的姿勢是有效的行為語言，老師稍微傾身向前，也是接納和包容：即使幼兒前來訴苦心中受到的冤屈、發洩不的怨氣、或者是炫耀自己的得意……；亦可在感受老師的分享中，收到行為輔導的效果。

老師的專注，讓孩子學到以專心、接納的眼神凝視談話的對象，不僅是禮貌，也是讓自己能清楚聽懂，並牢記對方談話的方法。不言而教，這些一連串的專注眼神、姿勢、動作等行為與回饋，對於幼兒是一項良好的示範與身教。

第四節 公 平
——讓每位幼兒覺得老師對大家都是一樣疼愛的

幼兒教師的行為，是不是具有公平性，表現在下列的師生互動過程中：

一、小幫手的公平

能當老師的小幫手是幼兒莫大的榮耀，有些父母笑說孩子在家裡叫不動，但是老師一聲：誰幫老師做……

馬上，一隻隻小手爭先恐後高高舉起；沒錯！因為在同儕團體中，能讓老師請來做事，不論是辦公室拿簿子、跟園長報告、或者是當小老師，在單純的小小心靈中，都有很深的被重視與很大的成就感。

然而，老師是否都集中在對某些固定的小朋友，如果那些小朋友長得比較漂亮、或者是讓小朋友覺得家裡比較有錢、或者是有其他特別不同的地方，那麼，幼兒不公平的感覺就產生了。

二、待遇的公平

老師對幼兒的表現，有時候會在不經意中顯出不同的反應：有些小朋友說話時，老師很熱絡，而且常給口頭稱讚或拍手鼓勵；有些小朋友在表達自己的想法時，話說一半就被老師打斷，可能還加上一句：太長了！或者是"老師聽不懂"的批評、有些小朋友好不容易說完話，老師只是冷淡的一句"喔！"的回應，這些都看在孩子的眼裡，聽在孩子的耳朵裡，也烙印在小小的心靈裡。

在發表時，有些小朋友經常有機會被指名，有的小朋友手都舉酸了，關愛的眼神仍然一次次沒有降臨；有的小朋友是老師常常會主動跟他聊聊天、問東問西，有的小朋友則是不斷向老師投射期盼注意的眼神，卻一再失望，而老師仍舊渾然不覺。

吃點心、午餐的時候，老是有些小朋友優先盛取，他們可能是老師認為比較乖的；可是，對於一些覺得自己沒有不乖、或者是一直弄不清楚要怎麼乖的幼兒，總要眼巴巴、耐性的學習等候。

要選學習角、分發教具，也會碰到同樣的待遇，……久而久之，小腦袋中便日積月累、隱隱覺得的：原來，是有差別和不同的！

三、仲裁的公平

分明今天是第一組先做好，老師卻說他們昨天表現不好，不讓他們先去玩；每次小啟和阿中吵架，老師就叫阿中別理他，因為老師說他媽媽"灰格格"（台語），有理說不清。

大欽一出手，老師就說他"笑仔"（瘋子），勸也勸不聽，全班幼兒當他精神不正常；米其和小黛鬥嘴，老師就護小黛，因為她媽媽是老師的好朋友，常來找老師，老師說她有好的家教，不會隨便和人糾紛，一定是別人先惹她的。

幼兒雖然年紀小，也感覺得到，老師心裡的天平，並不是每個人都是等重的、天平原來也會歪一邊，並不平衡啊！

四、家長的公平

宗漢的爸爸是法官，每次來接他回家時，老師都站起來，走到門口笑瞇瞇的跟他們道再見。小木的媽媽在賣水果，每次她來，老師只是側著頭說：嗯！乖，再見！

有的小朋友好羨慕，有些人的爸爸媽媽，每次一來都會被園長請到辦公室喝茶呢！

公平是心理上一種複雜而微妙的感受，其中或許有嫉妒、不滿、羨慕、或酸葡萄的情緒存在；幼兒可能不大會從語言上表達他的不滿，卻可能藉由對老師的冷漠、敵視、疏遠等行為反應，表達出對老師不公平的不滿。

"老師不公平"的結果，對幼兒的影響，比較樂觀的情形，是回家會告訴爸媽，然後爸媽會婉轉的在聯絡簿提醒老師的；作老師最不希望看到的是，未經求證的家長，冒然而義氣激昂的興師問罪；最令人擔心的是，已初具社會行為的大班幼兒，可能投射出消極與破壞性的行為反應，尤其是趁老師不在、或者是老師不注意時，對這些"天之驕子"百般刁難或聚集小眾"給苦頭吃！"

幼兒教師要從平常言行舉止中，以一視同仁的態度與每位幼兒相處；尤其是要讓幼兒體會到，老師是大家的，會給每一個人公平的機會和權利。

　　吵起架來，處理幼兒間的爭執與糾紛時，若兩個人都有不對的地方，要輔導幼兒互相改進的方法，給孩子學習的時間。

　　另外，老師要有為孩子講道理，聽孩子說明原因、陳述過程的習慣，小心不要掉入「大讓小」的窠臼，這樣反而容易讓孩子是非不明。公平的老師會得到幼兒的信服與信賴。

　　至於，教師如何才能作到公平地對待幼兒呢？

一、不要有先入為主的成見

　　對每一位幼兒都平等看待，不因為他的家庭背景或外貌長相而受影響。

二、要傾聽孩子的理由

　　讓孩子陳述他自己的想法，老師再適時提出解釋、或說明，讓幼兒感受到老師的誠意和理解。

三、善用肢體語言

　　例如：兩手各摟抱一個孩子，先透過具體的行為關懷，緩和幼兒的情緒，再進一步化解紛爭中的衝突。

　　同時，最重要的是，老師要能「平均地」讓孩子感受到「都被老師疼」的感覺。

四、分別從孩子各自的立場去看事情，不要輕易針對某一位孩子下結論。

可以讓孩子都感受到各有對錯，而只要改過，老師都仍然一樣疼愛他們。

五、老師一定要先穩定自己的情緒，才能有助於孩子把自己的情緒緩和下來。

每一位幼兒都喜歡老師公平地對待他們；「患不均」的心情是每個幼兒共有的心理。理性的老師知道以平和的方式，讓孩子感受到老師處理幼兒行為的公平性，這樣的老師，不只是孩子的身教和模仿對象，對幼小心靈的人格影響，也是深遠的。

幼兒教師的公平和公正，在善於拿捏師生互動時的關鍵時機與行為，同時要懂得依循幼兒心理，善加輔導。

第五節 富幽默感
——讓幼兒覺得老師是有趣的

在說故事中，偶爾開個小玩笑。有時候，老師把自己的糊塗事說成笑話，也頗有「笑」果。最重要的是老師開朗的性情，能減輕幼兒對老師因敬畏所產生的疏離感、縮短師生間的隔閡、增進教師的親和力、博得幼兒的好感和主動接近的趨力。

開朗的幼兒教師，瞭解童心、能夠掌握童趣，是幽默感的催化劑。

具有幽默感的老師，能以兒語化的方式，用設身處地的動作和語言，讓幼兒聽得懂，也笑得出來；這不是「幼稚」，但卻是另一種深深打動幼兒，教化幼兒的好方法。

幽默感能令人放鬆，但不是嘻笑怒罵或隱喻諷刺。幼兒教師能從每日繁雜的工作中，培養幽默感誠屬不易。

下列方法可以作為幼兒教師培養幽默感的參考：

一、遇事能從多元化的角度去思考

不執著於固定的、或同一個、一成不變的方法，也可以從吸取別人經驗中，從不同的方向斟酌事情。

二、嘗試從鬆弛的動作和情緒中，引導自己思考解決問題的方法

換句話說，是提醒自己不要把事情的嚴重程度

加深、面對事情可能的結果，就事論事、實事求是的尋求各種解決的途徑。

三、處理幼兒間的爭執與衝突時，以「換個令人愉快的方式」來表達情緒

這個方法可以是以自己的「糗事」作為事例，或是開自己的玩笑，但是切記不要拿幼兒作為開玩笑的對象，那就適得其反了。

幼兒教師在舉例時，一定要避免用「出洋相」的孩子做例子，來提醒其他幼兒；這樣的結果是除了其他孩子哄堂大笑外，只有更斲傷當事者幼兒的心靈，更加深其挫折感罷了。

老師在換個"另類"的方式中，要提醒自己最好是選用皆大歡喜的方法；如果一時間無法表達，緩和些，或把情緒沈澱下來，也比不當的表達，更讓自己不會後悔。

四、可以把幽默感當作是教育活動的一環，融入幼兒平常的學習活動裡，引導幼兒

從教學過程中隨機指導幼兒放鬆、換個想法、找一找別的方法；或者是利用擬人化的方式，透過角色模擬、仿做與想像，扮成事件中的主角，"坐一坐當事人的椅子"——假如我是他，想想看如何用比較樂觀的方法來處理、或者是以誇張的動作和表情來突顯所幽默的事例，讓孩子充分瞭解事情的來龍去脈與處理的重點，引導孩子從積極、可行的角度

思考；最後，再用有趣的方式加以呈現。這些過程讓孩子在既能認知與理解、又能以詼諧的心情、四兩撥千金的沈著付諸於言語、舉止上的表現，對於幼兒的心理成熟與情意教育，頗有幫助。

富幽默感的老師，不只是有最具笑容的神情，也是最具有開放、寬容與接納的臂膀，隨時容受幼兒成長過程中的改進、更正與發展，這正是幼兒教育具有無限活力與生機的動源啊！

第六節　是好的聽眾

——讓幼兒覺得老師可以聽他把想說的話講完

聽幼兒說話，是鼓勵幼兒練習說話的妙策。老師可以作個好聽眾，因勢利導幼兒愛說話的習性，教導幼兒在適當的時候說話，說得體的話，也引導幼兒做個好聽眾。

鼓勵幼兒樂於表達、善加表達的觸媒，不外乎是要有好的聽眾。雖然每日工作繁忙，但是幼兒教師要把作一個好的聽眾，成為專業與專長之一。讓幼兒感受到，在老師面前、或者是老師有時間可以聽自己暢所欲言；這個在老師面前的時候與老師有空的這段時間，要不吝惜的排在每天與幼兒相處的時間裡：學習區操作時、整理活動時、進餐後、午休前、或者是等候爸媽來接的時候，……只要有心、費神留意，都可以隨機把握。

在當聽眾的過程中，好的幼兒聽眾可以「借力使力」達到下列的教育效果：

一、教孩子以適當的音量和音調談話

經常提醒孩子：老師的耳朵就在你面前，請用老師聽得到的音量說話就好。

時時引導孩子：在座有多少人聽他說話，用大家聽得見、聽得清楚、聽得舒服的聲浪和語調來表達；這樣就不容易會有「聒噪」、「嘶喊」或「尖叫」的音量、音調令人震耳欲聾了。

二、教孩子使用適當的內容和措辭說話

為孩子示範說得體的、好聽的、正向的話，讓孩子有機會反覆練習，只要有不錯的表現和進步的成果，就及時給予增強和鼓勵。

輔導孩子體會說好話可以讓人愉快、悅耳，也可以幫助自己獲得友誼、更能幫助別人建立自信的好處。

三、教孩子學用適當的表情說話

讓孩子以禮貌的態度、學習用專注的眼神和表情說話，輔導孩子從用心說話中，促使自己頭腦更靈活，也幫助自己觀察得更仔細。

四、教孩子運用得體的動作配合說話

引導孩子得體的手勢與身體動作，可以幫助別人對他說話的內容更加了解和接受。

也可以教導孩子，瞭解搭配良好的動作是另一種說話的表情，能讓他把話說得更動人，使他更令人喜歡。

五、教孩子懂得察言觀色，敏銳別人的感受

作一個幼兒的好聽眾，幼兒教師除了教育自己、也要能夠引導幼兒懂得對別人察言觀色、瞭解

自己可以說話的適當時機。

　　透過人際知覺的敏感性，還能夠排除幼兒不必要的「打小報告」行為，讓幼兒接納別人無意的犯錯與小節，進一步也能讓幼兒透過語言表達，得到情緒上的紓解。

　　可見得幼兒教師的好耳朵、好心情都是作為一個好聽眾的要素啊！

　　具有好的幼教老師的特質並不難，只要肯用心，一開始雖然有些地方難免做得不理想，但是「信心就是力量，決心就會成功」！隨時提醒自己，毅力、恆心、自我期許動機、加上自我實現的踏實努力；每一位幼兒教師都能讓自己永遠具有好老師的特質！

　　加油呵！

MENO

問題思考：

1. 身為一個好老師，如何讓幼兒感到溫馨？

2. 老師如何公平對待幼兒？

3. 還有哪有些是好老師該具備的特質？

節　次	題　綱　重　點
第一節　溫馨 --讓幼兒和老師在一起時有溫暖與舒服的感覺	一、時時對幼兒保持溫和、關懷的眼神和視線 二、鬆弛臉部的表情 三、營造教師與幼兒間的溫馨氣氛
第二節　善體人意 --讓幼兒有"老師和我同一國"的感覺	一、當幼兒犯錯時 二、接納每一位幼兒的個別差異 三、善用同理心的思考模式 四、從幼兒的角度看事情
第三節　專注 --讓幼兒有"老師正在看我、聽我說話的感覺"	一、專注性的眼神 二、專注性的表情 三、專注性的姿勢
第四節　公平 --讓幼兒覺得老師對大家都是一樣疼愛的	一、小幫手的公平 二、待遇的公平 三、仲裁的公平 四、家長的公平
**老師公平對待幼兒	一、不要有先入為主的成見 二、要傾聽孩子的理由 三、善用肢體語言 四、分別從孩子各自的立場去看事情，不要輕易針對某一位孩子下結論 五、老師一定要先穩定自己的情緒，才能有助於孩子把情緒緩和下來

第五節　富幽默感 --讓幼兒覺得老師是 有趣的	一、遇事能從多元化的角度去思考 二、嘗試從鬆弛的動作和情緒中，引導自己 　　思考解決問題的方法 三、處理幼兒的爭執與衝突時，以「換個令 　　人愉快的方式」來表達情緒 四、可以把幽默感當作是教育活動的一環， 　　融入幼兒平常的學習活動裡，引導幼兒
第六節　是好的聽眾 --讓幼兒覺得老師可 以聽他把想說的話講 完	一、教孩子以適當的音量和音調談話 二、教孩子使用適當的內容和措辭說話 三、教孩子學用適當的表情說話 四、教孩子運用得體的動作配合說話 五、教孩子懂得察言觀色，敏銳別人的感受

第二章
幼兒教師應具備的能力

題綱：

1. 安排與維護安全、健康的學習環境

2. 培養幼兒積極的自我概念與獨立性

3. 熟稔學前教育的課程領域與內容

4. 善用啟發幼兒心智能力的教學方法

5. 觀察與記錄

每年教師節，都有幼師獎和幼鐸獎的表揚。許許多多幼教楷模，令人有見賢思齊的尊敬感。

　　這些令人欽佩的模範老師們，都具備了：安排與維護健康的學習環境、培養幼兒積極的自我概念與獨立性、熟稔學前教育的課程領域與內容、善用啟發幼兒心智能力的教學方法、觀察與記錄……等幼兒教師的基本能力。

第一節 安排與維護安全、健康的學習環境

　　幼兒園的學習環境通常是幼兒除了家庭以外，停留最久的地方；幼兒唱、跳、吃、睡、操作學習……日積月累、沈浸其中。因此，幼兒教師安排與維護安全、健康的學習環境，對幼兒生長與發展的影響，其意義不僅潛藏而深遠，其需要性尤其刻不容緩。

　　幼兒教師可從：配合幼兒的發展程度，選擇學習素材與設備、預先作好防範意外事故的發生，避免孩子生病或受到感染……等方向，進行安排與維護安全、健康的學習環境：

一、關於學習素材與設備方面

　　幼兒正處於認知發展階段的感覺動作與具體操作期，透過遊戲、經驗、社會互動、從活動中體會與學習。因此，對於學習素材與設備的選擇，不同年齡的孩子有下列不同的考慮：

（一）就大班幼兒來說——

　　對具有操作經驗，又準備邁向形式運思的大班幼兒，適合使用替代性符號（如：西瓜用圓圈、香蕉用長方形）、想像遊戲（如：愛麗絲夢遊仙境、小飛俠）、模仿活動（如：角色扮演——假如我是媽媽、學爸爸的樣子）等學習素材。

（二）就中班幼兒來說——

在初具保留概念與極具自我中心的特質時，適合提供轉換性（如：不同形狀的容器，內裝等量的液體、或同大小的麵糰揉捏成不同造型的成品）、或合作性（例如：共同完成拼圖或搭建積木）等學習素材。

（三）就小班幼兒來說——

從懵懂的反射探索中，逐漸發展為有目的的活動，適合選取兼具感覺與動作（例如：拍打、觸聽、敲擊）或大肌肉伸展、滾翻、跳躍……等學習內容；寓教於樂是最好的方式。

至於學習設備（或稱為教材、教具或玩具），則可配合學習素材與內容加以調整，最好是由老師從日常生活中取材，或者是由老師配合幼兒的實際學習情況花些巧思自行編製，尤其可貴。

以幼兒教師的能力，確實能夠勝任有餘；有些教師一則覺得麻煩、有些家長容易要求外在效度（看起來好看、像個樣子），於是傾向買套裝的半成品，只要貼貼套套就完成了；其實幼兒樸拙的童趣，正是發展實況的顯現，同時，幼兒在撕、抓、拉、抽的過程中，也是體會學習道理的好時機。

歷程重於結果，對於幼兒未來的學習態度與能力，此時的不厭其煩與不急於成果、放手讓幼兒自己動手做的耐性與包容，彌足珍貴。

通常，談到設備安全時，除了前述的學習設備外，也論及戶內外的體能遊具。不論採購套裝遊戲器材或是配合學習區情境規劃的安排，讓幼兒能伸展體肢機能的活動設備，都要能掌握下列原則：

(一)安全的原則：
指材質的安全（例如：塑鋼製品、鐵材製品、原木製品或噴漆、烤漆、原木色等）對遊具的結構體本身、或幼兒活動時身體、皮膚接觸的感覺（會不會過敏）之影響。

（二）穩定的原則：
指安放時的固著性（例如：平置地板、或是必須插入地下），要注意幼兒活動時可能產生的搖晃、震動或傾斜。

(三)容量的原則：
指遊具本身的承載與負荷（例如：攀爬架同時可讓幾位幼兒一起玩、溜滑梯的大象可以讓多少幼兒在後面等待）。

除了採購、訂製前思考全園幼兒的人數比例外，當老師在一旁守護幼兒的活動安全時，也要細心注意幼兒一窩蜂的玩興，所引起遊具容量飽和度，以防範意外事故的可能發生。

（四）動線的原則：

學習環境動線的規劃，在走廊、樓梯間，要有教育幼兒正確行走、上下樓梯的圖示。

在操場或草地上，要能滿足幼兒奔跑、衝撞的肢體活動與發洩，以與幼兒生長發展有關的設施為主，除了進行生態教育的種植活動外，不必要的盆栽、花飾可免則免；別忘記 **"把空間還給孩子"**。

幼兒園（所）要能依照孩子的活動性，引導孩子適度與正當的宣洩、平衡身心發展，並非一味要求不要跑、時時坐在室內保持安靜。沒有呼叫聲、歡笑聲的幼兒園，並不是健康和常態的。

二、關於幼兒意外事故方面：

幼兒教師具有教育與輔導的職責，除了前面提到在遊具、大活動玩樂時的留心，可以儘量避免之外；幼兒教師可從下列層面自我督促：

（一）瞭解幼兒在園所裡可能發生的意外事故，進行經常性的防範與教育。

幼兒在園常見的意外事故，可以從幼兒活動加以分述——

1.從 "進食" 來說：

開水、點心與午餐的溫度、端食前地面通道的濕滑情形，是可能燙傷的禍源；食物的顆粒、軟硬，是可能哽噎的原因。至於避免食物的保鮮程度所可能導致的腸胃患疾，園所自是責無旁貸。而幼兒的洗手習慣，在日常教育中更要反覆指導，內化成自然的行為反應，要讓幼兒習慣成自然：吃東西前，要先洗手！

2.從"衣著"來說：

穿得太長的裙子、長褲，造成幼兒意外跌跤、絆倒、擦傷的機率較高。

3.從"建築與活動空間"來說：

班級幼兒人數與空間容量比例、走道、樓梯間的寬窄、地板的平滑程度、室內的低櫥高櫃、也有可能使幼兒情緒煩悶、急躁。如果再碰上老師經常催促"快！快！快！"的聲音，那麼，配合幼兒的行動力，跑、撞的皮肉之傷或骨折、傾跌等的意外傷害就有可能。

（二）掌握幼兒發生事例的關鍵時機，實施機會教育

提醒幼兒從案例或經驗中學習。並納入下列日常活動中：

1.平時在每天的活動流程中，可以一再重複、說明、指導與示範意外事故的可能傷害和預防的方法。

2.可以透過裝扮與模仿的方式，讓幼兒從角色演示裡，融入情境並且耳濡目染。

3.有時候，透過圖片引導，在幼兒的學習情境呈現一段時間，並且隨時納入幼兒的學習討論裡，

讓孩子也分享對於防範意外事故的經驗和心情，對幼兒的感受與認知必然很有幫助。

三、關於幼兒疾病預防與保健方面：

對於聞病色變的所有幼兒教師來說，幼兒平時較常罹患的感冒、發燒，固然能夠配合醫師的檢查與藥方，讓孩子按時服用；對於幼兒漸發性的症狀，在降溫保暖上也多能駕輕就熟。但是，面對突如其來、或是一無所知的傳染疾病，在束手之際，也要加以瞭解與防範。

幼兒常見的傳染疾病，除了經常發生的各種流行性感冒外，有經由空氣與飛沫傳染的肺炎與腮腺炎、經由空氣與接觸傳染的腸病毒、以及經由蚊蟲叮咬的日本腦炎與登革熱等。

幼兒教師在平常帶領幼兒活動中，可採取下列方法加以預防：

（一）隨時保持活動室與教室的環境整潔

在空間多元利用的前提下，幼兒的活動室通常包辦了幼兒的學習活動、點心、午餐與午休空間，少數園所安排另外的進餐或者是午休空間，不免因為幼兒的小小身材，有時候要輪換或者是呈現擁擠的現象。

教師可以從下列重點著手輔導幼兒：

1.從垃圾處理做起，指導孩子隨手收拾環境，把整理教育當作幼兒整體學習的一部分。

2.依據幼兒年齡和學習能力，漸進地教孩子戴手套、擦桌椅、抹地板、排好教具、掛好衣服、收拾書包。同時，就在學習活動中，教孩子擦拭、洗滌碗筷和小手帕、襪子……學會生活自理的獨立能力。

（二）輔導孩子經常維持身體的整潔

當活動結束後，提醒幼兒洗手、擦汗、擦臉……；老師可以坐在入門旳小椅子上，以遊戲的方式，親暱的摸頭、有趣誇張的檢查動作，讓孩子在趣味中養成清潔身體的好習慣。

（三）從環境與衣著方面引導幼兒保健與預防

經常注意活動室內、外空氣、溫度與濕度的調節，或者是開窗、使用旋轉型電扇、冷氣調溫；指導幼兒擦汗、洗臉，協助幼兒調整（穿脫）衣服件數、厚薄與長短、調適幼兒體溫，是避免幼兒感冒、發燒的有效途徑。

（四）從空間設施來防範幼兒可能發生的傳染疾病

室外大活動區遮陽或樹蔭的設施是否周全？關係幼兒活動機會的有無（有些老師索性禁止幼兒離開室內，其實未必正確），或者是讓幼兒頂著熱力萬鈞的烈陽，引發中暑，這些作法均有待商榷。

　　室內的開窗與空調（非密閉的電扇遮和可使溫度均衡的冷氣，可能相互搭配使用），與幼兒呼吸道疾病感染有關。

　　在幼兒成長過程中，有喜悅、卻也處處潛藏危機，令父母與教師必須保持警覺，也唯有以慎重的態度，實事求是。安排與維護安全、健康的學習環境，是稱職的幼兒教師的基本素養，也是幼兒教師責無旁貸的重任。

第二節 培養幼兒積極的自我概念與獨立性

幼兒的自我概念是指幼兒對自己的認識、瞭解、看法與接納；獨立性是指幼兒能夠自己做到，包括：獨自玩遊戲、單獨處在一個空間裡做愛做的事、不依賴別人代勞、能做好自己日常的穿衣、進食、盥洗……等生活起居事項。

當幼兒具有積極的自我概念之後，會逐漸由接納自己轉而尊重別人，其尋求獨立自主的意念也隨之萌芽，並且日漸養成對於自己的信心、以及對於別人的寬容、體諒。是幼兒人格教育重要的一環。

幼兒教師可以運用下列方法，培育幼兒積極的自我概念與獨立性：

一、在建立幼兒積極的自我概念方面

教師可以從引導幼兒面對自己的實際情況做起——
（一）知道 "我是誰？"

包括：幼兒的外貌、長相、高矮、胖瘦、身體的特徵等。

引導幼兒知道媽媽生我下來時，就送給我會聽（耳朵）、會說會唱（口）、能看（眼睛）、能跳（腳）、能想（頭腦）、能做（雙手）……等等許多的寶物，每個人都要好好珍惜和使用它們。

同時，進一步讓孩子知道自己生來雖然有和其他小朋友相同的頭、手、腳、身體等器官，但是，每個人卻都長得不一樣，每個人都是獨一無二、有

和別人不同的部份。即使是長得很相像的雙胞胎，也有他們各自不同的特點，這也是一個人最可愛的地方。

（二）瞭解 "我的家庭"

包括：幼兒的家人、幼兒父母的工作、以及家庭環境等。

老師可以為幼兒說明，每個人都來自不同的家庭，每一個家庭的爸爸媽媽都要工作賺錢養家（有的家庭是爸媽都上班、有的家庭可能只有其中一個人上班），但是不論爸媽工作的項目和內容是什麼，都是希望寶寶上最好的學校、給最好的老師教、好好長大。

至於家庭的經濟情況，要從價值觀的角度輔導。讓孩子明白：由工作中獲得酬勞的正當性，錢的多少在於如何善加利用；每個人都有他用錢的方法與態度，大多數的爸媽都是辛苦工作、自己很節儉、給寶寶買許多東西；所以，要提醒幼兒不要養成一看到喜歡的娃娃或玩具，便吵著要爸媽買的壞習慣。

（三）接受 "獨特的我"

對於一些在意自己有與眾不同的標記（例如：胎記、黑毛、或特別的器官等），幼兒教師要利用生活周遭實際的例子加以開導。

譬如：臉有胎記的小狼人，能夠瞭解他自己一生下來就是臉上有大片胎記，於是，能勇敢站出來，和所有的小朋友見面，並且盡力尋求醫療，如果不能藉助現代醫學科技協助改善，也願意坦然接受自己生來特別的外貌。這就是一個輔導幼兒具有積極自我概念的好例子。

幼兒教師必須經常以正向、樂觀的實際例子，輔導幼兒肯定自己，接受自己：同時，提醒幼兒：如果自己慢慢長大，能力漸漸足夠了，也可以不斷地盡自己的力量，努力加以改善。這些都能有助於培育幼兒積極的自我概念。同時，在接納自己的時候，也要學會去接納和自己不一樣的小朋友；尤其是耳朵聽不見，眼睛看不到或是其他有身心障礙的小朋友，都要和大家作朋友。

二、在建立幼兒獨立性方面

獨立性的培養對於處在依附期中的幼兒別具意義。幼兒教師可善用下列方法，循序做起：

（一）配合幼兒的依附性，相輔相成

幼兒的獨立性著重在生活自理、獨處與自己動手做自己的事等具體的、週期性的、外顯行為方面。幼兒的依附性偏重在於心理性的情感依賴，獨立性與依附性在個人發展過程中，未必進度相同，二者實際上並行不悖；不過由於外顯行為易見、內在世界難測，有些孩子看似獨立，實則心理極度渴望依附，一些非典型家庭（例如：單親、離婚、或父母異地工作的通勤家庭）以及隔代教養的幼兒較常有此現象。

經驗告訴我們：有許多小大人來自於童年過早的賦予不當的期待和要求，超齡的成熟、太早的懂事與社會化，成長後，遂產生許多心理失調的意外。

教師對於幼兒在發展過程中的心理性依附現象，不僅要尊重、保留、協助幼兒循序發展階段漸進成長，更要因勢利導、善加啟發；絕對不可以強制壓抑或揠苗助長。

在幼兒想要自己做的時候，引導他自己做；在幼兒做不好、做錯時，給他安慰的摟抱、溫和語言的激勵；在幼兒自己覺得滿意時，給予附和與贊同……；獨立與依附也是一體兩面，二者的成長比例，老師與家長的點滴引導是影響的重要函數。無關於拉鋸或消長，但是，幼兒教師方法用得得體，對幼兒的發展，助益更大。

（二）提供清楚、明確、詳細的示範

對幼小的孩子，要用和孩子同方向的手與動作做示範，例如：面對孩子的右手，老師要使用的是左手；等到幼兒具有方向的可逆性後，再改用原來的手。

要讓每一位幼兒都注意看著老師的示範，並且跟著仿做，老師做個別指導。

（三）清楚的告知幼兒：一步步自己來的順序

把進行的動作明確地細步化、也可以把進行的步驟，配合簡單的口訣或童謠，例如：刷牙、洗臉、洗澡、穿衣……等都是好的題材。

（四）給予情緒上的支持

學習獨立的過程，對幼兒不免也是戰戰兢兢的嘗試；孩子可能由於經驗中曾接觸、曾看過、或甚至於天資異稟，能夠不學而能；但是，卻絕對有可能學而慢能或不能的孩子。

老師的即時情緒支持、經常地設身處地是催化劑。例如：讓孩子自己摺被，讓孩子練習擦地板，啟發孩子嘗試新的、進一級難度的工作，好奇與新鮮過後，在孩子退縮、挫折時給孩子打氣，但是，溫和地、堅持的毅力絕對是避免半途而廢的良藥。

具有積極自我概念的幼兒，對其獨立性的養成也有幫助，幼兒教師可以多加把握、相互為用。

第三節 熟稔學前教育的課程領域與內容

　　課程是學習活動的主要內涵，廣義的說法，幼兒課程是幼兒學習過程的全盤規劃；狹義的說法，則界定課程是教材、教科書。

　　學前教育非義務教育的一環，在學制上，縱然被列納於基礎教育之一，因不具強制性，家長仍具有選擇就學與否的自主權。在課程上，有教育部規劃的幼稚園課程標準，內政部撰擬的托兒所課程綱要，做為幼兒教師規劃幼兒課程與學習內容的參考。

　　幼兒教師可以從下列方向熟稔學前教育的課程領域與內容：

一、體認學前教育目標與輔導幼兒的基本事項

　　現階段學前教育機構不論托兒所或幼稚園，均已兼具照護性與教育性。學前教育目標中亦蘊含托育與教育的性質。

　　依據課程標準，學前教育的主要目標在於：幼兒身心健康的維護、群性與好習慣的養成、以及倫理觀念的增進與生活經驗的充實等項。

　　配合前述目標，學前教育預期教導幼兒的基本事項包括：

（一）在幼兒與人際方面，要培養幼兒具有下列能力：

1.具有多方面的興趣、是非善惡的觀念、良好的生活習慣與態度、關心自己的健康與安全、活潑快樂的表現等。

2.能和家人、老師、友伴、以及其他人保持良好的關係。

3.能學習欣賞別人的優點、並具有感謝、同情與關愛之心。

（二）在學習方面，要引導幼兒喜歡參與下列活動：

1.喜歡參與創造思考與解決問題的活動。

2.對自然及社會現象表現關注與興趣。

（三）在群性方面，要輔導幼兒能適應下列生活：

1.能適團體生活。

2.能表現互助合作、樂群、獨立自主與自動自發的精神。

幼兒教師在具有課程目標的體認後，應當更能明確的掌握對於自我的角色認知與教學方向。

二、理解學前教育的學習領域與範圍

課程標準中所列的學習領域與範圍，基本上包括：

（一）健康領域－

　有：健康的身體、健康檢查、運動能力與興趣、疾病預防、營養與衛生等學習範圍。

（二）遊戲領域－

　有：感覺運動遊戲、創造性遊戲、社會性遊戲、模仿想像遊戲、思考及解決問題遊戲、閱讀與觀賞影劇、影片遊戲等學習範圍。

（三）音樂領域－

　有：唱遊（含幼兒各項生活主題、童謠、地方歌謠；採齊唱、合唱、接唱、獨唱等方式）韻律（模擬韻律、自然韻律）、欣賞（聆聽各種聲音、樂曲欣賞、聲音辨別）、節奏樂器（敲打與合奏）等學習範圍。

（四）工作領域－

　有：繪畫（自由畫、合作畫、故事畫、混合畫、圖案畫、顏色遊戲畫）、紙工（剪紙工、撕紙工、摺紙工、紙條工、紙漿工、造型設計、廢紙工）、雕塑（泥工、沙箱、積木、雕塑）、工藝（木工、縫紉、通草工、廢物工）等學習範圍。

（五）語文領域－

　有：故事和歌謠（生活、自然、科學、歷史、愛國、民間故事;童話、笑話、寓言;兒歌、民歌)、說話(自由交談、自由發表、問答、討論)、閱讀(故事歌謠類、圖片畫報類、看圖說故事、教師自編故事,等學習範圍。

（六）常識領域—

有:社會(認識家庭、社區與機構、對外界事務與現象之關注、個人與社會生活習慣與態度)、自然(常見的動植物、飼養與栽培、自然現象、環境、人體構造、衛生常識、動力與機械、工具與用具)、數、量、形概念(物體數、量、形比較、認識基本圖形、物體的單位名稱、順數與倒數、方位、質量、阿拉伯數字、時間概念、結合與分解)等學習內容。

在認識幼兒的學習領域與範圍後,能有助於教師落實於幼兒學習活動的規劃,而不至於仰賴坊間現成教材;對於配合幼兒學習能力、編選幼兒學習教材的內容,亦能有更明確的目標和範圍。

第四節 善用啟發幼兒心智能力的教學方法

幼兒的心智能力主要可以包含心理、認知、語言與創造力等方面的能力；幼兒教師欲期具有善用啟發幼兒心智能力的教學方法，可從下列途徑著手：

一、啟發幼兒心理能力的教學方法

幼兒的心理能力指的是幼兒的的感官、肢體動作、情緒、社會性、適應等方面的綜合性能力。幼兒教師宜從啟發的觀點，進行下列各種教學引導：

（一）多元情境教學法

幼兒教師事先擬妥活動主題、依照預設的可能目標規畫各式各樣的學習情境，提示幼兒從情境活動中主動學習。

經過師生討論後，幼兒便在活動過程中，依照提示，完成老師所交付的學習任務。

例如：活動主題是「逛街」，從師生經驗交流曾經逛街所見，到提示幼兒從逛街中可發現與玩到的事情，於是幼兒在各個情境中探索之後，互相分享所見所玩的情形。時下的「主題教學法」便是其利用之實例。

（二）知動教學法

幼兒教師蒐集各項幼兒感覺與動作的發展特質

和需求，加以分類、歸納，依照年齡、逐一排序；其次，配合園（所）現有的各項設施，納入包含各項知覺（視、聽、觸、動、嗅）與動作（上肢、下肢、軀幹）的活動項目，安排於每天幼兒的戶內、外活動流程中。

在老師說明與示範後，讓幼兒按照個人興趣、喜好，逐一選擇，教師並從幼兒的操作和遊戲中，觀察幼兒的知動發展與能力，提供家長參考。

例如：小班幼兒的足部大肌肉發展，可以透過爬梯動作反覆練習；中班幼兒的軀幹統合，可以經由抱膝、屈身、前後左右滾翻進行；大班幼兒的視聽知覺平衡，可以藉由克難樂器合奏促進發展。

（三）隨機教學法

幼兒教師在經過園內教務會議討論後，依照班級（混齡或分齡）或幼兒年齡狀況，將幼兒預期的學習內容加以統整，並規畫教學活動設計。

配合各項學習活動的展開與進行，幼兒的學習進程通常有其個別性與突發性。隨機教學法即在於老師從幼兒活動中的適時發現與引導。

例如：小班幼兒的抓沙、玩沙握力，有的孩子可以玩出鑽、撥、丟的動作，此時，老師可以隨機指導裝沙與倒沙的遊戲；中班幼兒練習剪紙，正向對折與再對折的效果有什麼不同？此時，老師可以鼓勵嘗試：如果斜角再折剪呢？會有什麼不同？大班幼兒建構積木，又高又長的摩天樓下面的底座比上面高，有許多建築物的屋頂是尖型的，……幼兒教師都可以善加發揮機會教學法的功能。

二、啟發幼兒認知能力的教學方法

認知能力為幼兒促進思考、辨別、分析等綜合性之學習特質。幼兒教師可以採取下列教學方法，啟發幼兒的認知能力：

（一）實物教學法

教師配合幼兒的各項學習活動，從園（所）現有的各項實物資源（包括：具體可見的實際物品、仿做的模型、或玩具、擺設物等）；或從社區、鄉土環境中搜尋、或託請家長協助都是充實實物教學的可行途徑。

在進行實物教學時，引導幼兒進行重點式的觀察，更能使幼兒學會注意焦點、把握核心的認知要領；此外，若能配合家長職業而進行的參觀，也是綜合實物資源的教學方法。

例如：中秋節由開設糕餅、麵包店的家長，實地製作各式月餅，讓幼兒觀察；用心的老師，事前會先彙集各項實物材料，出發前為幼兒解說，並和幼兒進行討論，也提醒幼兒觀察過程的要點。回園後，在記憶猶新時，引導幼兒回想、統整，如此過程，幼兒經過反覆認知學習的過程，必然印象深刻，有助於其日後的學習遷移。

（二）問思教學法

發問與思考是幼兒認知學習的重要利器。

幼兒教師要常用多向度的、疑問的引導，激發幼兒思考、發現、尋找答案、解決問題的動機。

以“菜市場”活動來說，小朋友在水果攤前看到黃色的香蕉、紅色的蘋果、綠色的芭樂（番石榴）……，老師可以再引導：這些水果都只是一種顏色嗎？他們什麼時候有不同的顏色？

做一個好的發問機，幼兒教師可以從被激發的小腦袋裡，回饋出千奇百怪、合理與荒誕不經的種種思考；開放的幼兒教師，不僅是撞鐘者，也在幼兒的迴響中提示追求答案的再思考，如此循環，幼兒教室裡，永遠是充滿思考活力的春天。

（三）解釋教學法

在幼兒求解與探索的過程中，教師要能協助幼兒對自己思考過程與發現的問題，加以說明；尤其是在找到解決問題的答案時，教孩子做“解釋”。

合理的解釋要具有邏輯性，但不是強辯、爭論得面紅耳赤。聰慧、認知能力強的孩子，老師要避免其強詞奪理、或個性驕縱，最好的方法之一，就是心平氣和地輔導幼兒對探索的問題蒐集資料。

老師可以協助從園裡、家裡或社區圖書館裡的圖畫書、兒童百科找答案，讓幼兒習得作合理的解釋，繫下萌發認知能力之苗。想想看，老師是多麼可敬可愛！

三、啟發幼兒語言能力的教學方法

語言是幼兒和人交談、表達心思、感覺與需要的橋樑。教師從幼兒的語言能力與發展，可以瞭解幼兒的心智能力程度、生活環境影響、以及人際接觸、文化刺激等情形。

學前階段為啟發幼兒語言能力的關鍵期，幼兒教師不僅自我覺察、亦從家長反映與期待中，深刻體會這項重任。幼兒教師可以從運用下列各項教學方法，啟發幼兒的語言能力：

（一）模仿教學法

語言包括：口語、表情、手勢、動作、音調、音量等型式。幼兒期的模仿能力強，教師能從幼兒善於模仿的可塑性中，善用幼兒模仿性的教學方法。

模仿的起步是要提供良好的示範，不論讓孩子學習的語言是生活中的母語（閩南話或客家話）、國語、或是英語、日語等，老師本身要會而且要準確；許多幼兒園有專任的語言教師或是外聘鐘點式的美語教師，但是真正影響幼兒學習，常讓幼兒自然仿效的卻是與幼兒朝夕相處的班級教師。所以，自我要求的語言身教，是模仿教學法的要素。

　　此外，提供仿聽、仿說在幼兒的每日活動中，也是必要的。教師可以每天定時讓幼兒隨著老師或錄音帶反覆練習，也可以在孩子活動中，不定時播放練習。

　　（二）擬情教學法

　　模擬情境的教學法是讓幼兒假設在某一個場景中，練習以角色扮演，或同理心的態度，從其中人際互動、溝通交談，進行語言練習。

　　語言的模擬情境教學極具富彈性，幼兒教師可以利用幼兒活動中的任一空檔，穿插假設的空間，讓幼兒深入其境，暢快的練習對話、語言。

　　只要老師熟習與瞭解過程，擬情教學法中的情節並不需要事先進行結構性的、有計畫性的安排；換言之，幼兒語言的擬情教學可以是隨機的、彈性的；在老師引導下，可以模擬百貨公司買玩具的對話、可以表演和爸媽到超級市場買菜、可以把和小朋友討論兒童節怎麼過拿來當作語言練習。……

　　（三）發表教學法

　　語言的學習過程與結果，都是不斷練習之後的表達。對於幼兒教師來說，累積幼兒自然化、隨性式的表達，以及進行結構性、正式的表達，也是啟發幼兒語言學習的重要方法。

幼兒語言的發表教學法，必須在老師有計畫的安排下進行；發表可以是一段學習過程的綜合表現，因此教師在規劃時，要提供幼兒反覆練習的機會，一旦幼兒純熟了，就不要再作提示，儘管讓孩子去發揮。

發表教學法在許多幼兒的語言學習中被加以利用，但是，幼兒教師卻必須瞭解，語言的發表不應為發表而發表，譬如說：整個教學活動就是朝著畢業典禮的英語話劇、台語表演每天不斷的練習，或者是挑選孩子學不來的對話，要孩子記、背，甚至於用錄音來取代孩子表演時的對話、老師在旁一句句引導著念來發表，這些作法都是必須加以思考的。

四、啟發幼兒創造力的教學方法

創造力是發明的泉源。也是一種無中生有的動力。從無到有的過程，對幼兒有無比的吸引力，創造是幼兒發現與探索結果的可貴歷程。

幼兒的創造力與幼兒接受的文化刺激息息相關。教師可以運用下列方法啟發幼兒的創造力：

(一) 想像教學法

想像的天空是無垠無涯、沒有邊界的。教師可以從幼兒生活週遭任意擷取一個題材，讓幼兒天馬行空的腦力激盪起來。

引導幼兒進行想像教學法時，最常運用的步驟是：

1.首先選擇一個想像的對象。例如：麥當勞、大力水手卜派、或者是迪士尼的米老鼠和米奇。

2.其次，開始引導幼兒想像：如果我是麥當勞我可以……；我是大力水手卜派，我最愛吃……。鼓勵幼兒每一個人都發表自己所想像的，而且都不要和別人一樣。

3.在幼兒發表想像的內容時，老師都要自我提醒，最好不要中途打斷、或者是給予價值判斷、提出覺得好或壞的意見和批評。

4.等幼兒一個個都發表過了，老師把孩子所想像的情形加以歸納，和幼兒一起討論：師生都會有意想不到的發現和結果。

想像是創意的風箏，在老師得法的引導下，幼兒的心靈將飛得又高又遠。

（二）擴散性教學法

一般通稱為雪球教學法，顧名思意是取其像雪球一樣越滾越大的意思。

擴散性教學法包括水平式的擴散（廣度），以及垂直式的擴散（深度）兩種。在創意的空間裡，水平的擴散性引導幼兒做同質性、廣度的思考，垂直的擴散性則引導幼兒做異質性、深度的探索。

教師運用水平式擴散性教學法時，可以採用聯想的方式引導幼兒，例如：「好喝的水」——有白開水、礦泉水、蒸餾水……等。同樣難度性質的逐層擴展範圍。

在運用垂直式擴散性教學法時，可以採用漸進提問的方式引導幼兒，例如：「白開水」——白開水是把生水煮開來的水，生水需要煮到攝氏 100 度以上才叫做煮開，煮開的水會冒出白色的水蒸氣，水蒸氣是……；如此一再深入的引導幼兒學習。

擴散性教學法有如在一泓池水中投入細石，周圍激起的漣漪與一圈圈漸次擴展環繞的波紋，是可貴的創意之苗。

（三）類化教學法

運用到分類與遷移作用的類化教學法，在啟發幼兒創造力的過程中，是幼兒深感興趣的方法。

由於類化的方法簡單、明確，許多幼兒教師也喜歡用在跨越幼兒的各項學習領域中。

幼兒類化教學法的要領是：

1. 提示一項幼兒熟悉的人、事、物；讓幼兒先喚起對該對象的印象。例如：「桌子」。

2. 引導幼兒進行類化活動——
　　(1)相關性的類化：和桌子有關的物品是……
　　(2)相同性的類化：大桌、小桌；長桌、方桌、圓桌……
　　(3)用途性的類化：書桌、餐桌、球桌……

3.將類化的內容，加以統整；並且引導幼兒做進一步的比較，舉出其中相同與不相同的特點來。

一系列邏輯性的類化教學，不僅有益於培養幼兒的創造力，同時，也能有助於幼兒建立清楚的概念。

教學是藝術，引導學前幼兒的學習，尤其需要技術：啟發幼兒心智能力的教學方法是幼兒教師不可或缺的藝術與技術。

第五節 觀察與記錄

觀察是幼兒教師每天重要的工作之一，老師要能熟悉如何從幼兒許多瑣碎的活動中，掌握記錄的重點。

教師對於幼兒觀察記錄的要領，可以從擬定觀察記錄的評量標準與決定觀察記錄的方式著手：

一、擬定觀察記錄的評量標準

不論幼兒是安靜的在角落中專注的學習，或是活潑的在戶外奔跑、溜滑梯，即使老師每天僅僅花幾分鐘時間記錄，每天持續的記錄是很重要的。觀察記錄能有助於老師以及他人對幼兒的瞭解。老師可以記錄幼兒的特別表現，透過錄音帶、表格、活動卡、家長提供的訊息來進行幼兒的觀察記錄。

對於幼兒學習行為進行客觀性的觀察記錄，以協助觀察記錄時的類化與量化。通常，可以擬定如下序性列的評量標準的層次：

5=不需協助，能在老師教學之後，獨立達成目標；

4=需要口頭暗示，才能達成目標；

3=需要動作協助，才能達成目標；

2=需要口頭與動作示範，才能達成目標；

1=完全不會。

二、決定觀察記錄的方法

幼兒行為觀察記錄的方式通常有下列兩種：

（一）事件本位觀察記錄法

係以幼兒目標行為為主的方法。是指在某段時間內（如一節課四十分鐘內），所要觀察記錄的目標行為發生的頻率，格式如表一。

【表一：事件本位的觀察記錄表】			
幼兒姓名	學習行為（一）	學習行為（二）	學習行為（三）
李　儒	5	5	5

（二）時間本位的觀察記錄法

係以時間單位來劃分觀察點的記錄方法。

時間本位的觀察記錄方式，是指把觀察記錄的總時間劃分為幾個單位，如：一節課四十分鐘是分為每隔五分鐘記錄一次，格式如表二。

【表二：時間本位的觀察記錄表／五分鐘觀察一次】			
幼兒姓名	目標行為（一）	目標行為（二）	目標行為（三）
于　珊	4	5	5

觀察必須有標的行為作為參照點，例如：上課離開座位或注意力不集中等；若是要將所有幼兒的表現行為全盤照記，為避免觀察誤差，應求觀察者一致性，而且最好透過儀器記錄法（如錄音、錄影

帶拍攝）作為輔助工具；也可避免因人的疲勞、情緒、認知觀點所可能導致的偏差。

雖然量表記錄法有助於幼兒行為觀察的類化與歸納，以及幼兒標的行為的整體性與客觀性輔導；然而，幼兒教師仍須輔以質化的文字敘述，針對個別的、特殊性的幼兒行為予以充分描述，更能有助於幼兒行為進一步的深入瞭解。

MEMO

問題思考：

1. 如何替幼兒安排安全、健康的環境？

2. 老師可設計哪些活動來增進幼兒的心智能力？

3. 請列舉班級經營的實務技巧？

節　次	題　綱　重　點
第一節 安排與維護安全、健康的學習環境	一、關於學習材料與設備方面 二、關於意外事故方面 三、關於幼兒疾病預防與保健方面
第二節 培養幼兒積極的概念與獨立性	一、在建立幼兒積極的自我概念方面 二、在建立幼兒獨立性方面
第三節 熟稔幼兒教育的課程領域與內容	一、認識幼兒教育目標與輔導幼兒的基本事項 二、理解幼兒教育的學習領域與範圍
第四節 善用啟發幼兒心智能力的教學方法	一、啟發幼兒心理能力的教學方法 二、啟發幼兒認知能力的教學方法 三、啟發幼兒語言能力的教學方法 四、啟發幼兒創造力的教學方法
第五節 觀察與紀錄	一、擬定觀察紀錄的評量標準 二、決定觀察紀錄的方法

第三章　美好一天的開始：
班級經營的一日之計

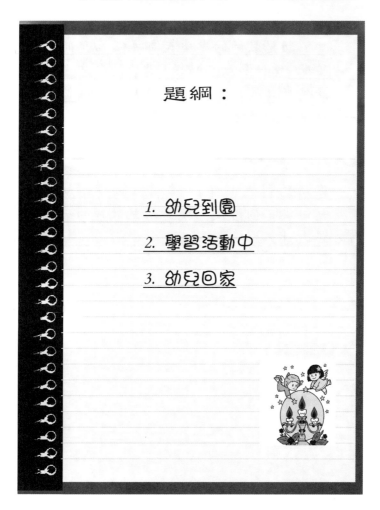

題綱：

1. 幼兒到園

2. 學習活動中

3. 幼兒回家

幼兒教師的每一天都充滿幼兒的笑聲、說話聲以及喧鬧、遊戲的聲音。幼兒教師的一日之計,就是每一個美好一天的計畫。

從一早入園(所)開始,可以分從幼兒到園(所)、學習活動中、幼兒回家三個階段,分述幼兒教師的一日之計。

第一節　幼兒到園

　　清晨，是幼兒陸續到園（所）的時候，除了娃娃車接送的孩子外，由爸媽接送的孩子，也在車陣中，魚貫下車。

　　幼兒到園這段時間，老師有很多事要做：

一、值週與家接

　　依照一般園（所）的內規，每一位主教老師要輪流值週期，每一位助理老師則要輪流隨車，每次輪值的時間都是一星期。老師人數較多的學校，當然，大家輪流的次數也比較少。有的學校則是請有專任的隨車媽媽，讓所有的老師一起輪值週。

　　老師值週時，就像在學校當值日生和糾察隊一樣，除了原有的班級工作以外，就是要承擔園（所）裡，有關幼兒的公共事務。這些工作可分為幼兒到園及離園兩個時段的任務。

（一）在幼兒到園時，要接下幼兒

　　不論是開車或騎機車開車的父母，老師都要親切的道早安，以及雙手接幼兒平穩的下車，和家長揮手道別，讓家長安心離開。

　　有些家長託付吃藥、有些家長叮嚀待繳費、有些家長希望轉話、也有些家長會提出建議；在寒暄中，老師的頭腦要清醒、記憶力要靈光，有時候要趕快隨機備忘在記事簿上，以免有所遺漏了。

因為家長有事，而早到的孩子，老師要讓他在身邊，或者是視線所及、老師看得到的地方玩，等人多了，再讓他自由行；遇有依依不捨的幼兒，老師還要善用肢體語言，溫和的抱起他，輕輕拍背，哄他；哭鬧嚴重的，還得想辦法用玩具轉移注意力。值週的早晨是一天忙碌的序曲，老師井然有序的處理事情，以及保持從容愉悅的心情，將為來臨的一天，開放美麗燦爛的花朵。

（二）在幼兒離園時，要送走快樂的孩子

娃娃車開出之後，可愛的爸爸媽媽也踩著夕陽的餘暉，從家裡或是工作場所接連著來。

此時的值週工作，還有呼叫幼兒的項目，園（所）裡通常有麥克風，正在園區奔跑、在玩沙、或者是就坐在大門邊翹首期盼的孩子，一聽到呼叫，好像中獎一樣，興奮的跑到門邊。

門口值週是接觸家長的第一線，老師的穿著、儀容、表情都有代表園（所）的指標作用，雖然忙碌，但是，老師們仍要留意自己的言行舉止。此外，除非時間允許，或者是幼兒已大多離園，否則在門口值週時，要盡量避免與家長談論幼兒。

通常，值週老師必須等到每一個小朋友都離開了，才能夠卸下重擔。

二、園區活動照顧

　　課前的園區活動，老師們通常在戶外排有照顧崗位，目的是為了保護孩子們在盡情玩樂中的安全，以及遇有緊急狀況的及時措施；這時候，老師們曾經接受過的急救訓練，就可以派上用場了。

　　幼兒的園區活動，在性質上可以概分為動、靜兩種：

（一）靜態活動：

　　有的孩子凝神觀察或飼養園區的小動物、有的孩子仍然睡眼惺忪、靜坐著看別人在眼前奔跑、也有和小朋友拉著手、吱吱喳喳、談興正濃的小話家。

　　還有一些初到園的幼兒，是依然戀著家的小可愛，老師可以在窗檯下放把小椅子，請幼兒踮起腳尖，目送爸媽離開。漸進的引導幼兒減輕對父母的依賴。

（二）動態活動：

　　園區裡，有滿頭大汗比賽盪鞦韆的、有氣喘吁吁順著、逆著溜滑梯的、有不為什麼就是想從這一頭跑到另一頭的、也有喜歡跑到老師身邊，把老師當圓柱子，一前一後躲藏、拉扯的孩子，幼兒老師雖然沈浸在一片童稚的歡笑聲中，卻不能陶醉，反而是要專心的把眼神四處瀏視、尖起耳朵，生怕遺漏了哪個蛛絲馬跡，也最怕突然的一聲哭、或者是意外的慘叫。

　　活潑的小孩，一到學校就衝進去盪鞦韆，玩蹺蹺板，這群小頑皮的安全問題也不能疏忽。

　　最後，在引入一天的活動之前，看看指甲，提醒帶手帕，欣賞誰是美齒王子（公主）、喝水、入廁後洗手擦手等叮嚀，要不厭其「繁」的重複，協助幼兒養成日常生活的好習慣。

　　旭日東昇後，幼兒教師已完成了許多的重頭戲。

　　接著，又是另一階段的開始。

第二節　學習活動中

早操或大肌肉活動以後，就進入學習活動時間了。

在學習活動中，幼兒有各式各樣的探索與操作，這些活動包括：

一、準備階段

進入學習活動以前，老師要帶著孩子做一些集中精神、聚煉情緒的收心操，這些準備的活動有：

（一）說故事與話家常

說故事和話家常是和幼兒凝聚心情，為學習暖身的好方法。從故事聆聽、回響、提問題；到日常家居生活的分享，能鼓勵孩子發表，引導孩子正確的陳述所見所聞，就是最好的說話訓練。讓孩子學習傾聽、專注的聽別人說話，學會用適當的音量和口氣說話，這是個好時機。讓孩子學習等待與尊重別人的發言，知道如何說得體的話。

在輕鬆與溫馨的互動氣氛中，老師自然而巧妙的把孩子引入快樂的學習天地。

（二）檢視學習區與操作物

老師可以先讓幼兒在角落自由自在的探索和遊戲，這段時間老師可以做課前的準備工作，除非幼兒有事或主動來問問題，老師儘量不去干擾孩子。

尊重他！讓幼兒沈浸在老師事先規劃的學習環境裡，在遊戲中學習，在操作中認知與成長。

二、教學流程

在幼兒學習過程中，老師是協助者與輔導者的角色，讓幼兒循著學習的階程，進行有意義的學習。

（一）學習區活動

通常在早上進行，有的園（所）是以讓幼兒自行取用點心的方式，因此，幼兒在學習區活動的時間就顯得比較具有彈性。

基本上，讓幼兒在依照興趣選擇喜愛的學習區，老師可以建議幼兒每一個地方都去玩，但是不必強制幼兒非得怎麼玩才行；老師的任務就是要事前用心，如何將幼兒的學習內容生動化、具體化與遊戲化。

（二）器材互動

幼兒學習過程中的器材是互相使用的，即使是面對幼兒的獨佔性與自我中心，老師仍要設計一定要與人合作、與人共同操作器材，否則就不能玩下去、不能玩出結果的學習來。

在幼兒小手工、美術、勞作、體能、數數時，都可以透過器材的交流、互相借用的過程，讓幼兒學習到課程中潛在的群性。

（三）衝突處理

幼兒學習過程中，衝突的產生是常有的現象；幼兒教師對於幼兒衝突的處理，會影響幼兒個性的養成。

對於幼兒衝突的處理，有時候，老師的停、看、聽很重要，衝突發生之初，也許不必急於介入或馬上處理，老師可以先旁觀當事幼兒的反應，如果幼兒能自行化解，用幼兒自己的方式，彼此破涕為笑，老師的操心，反而剝奪孩子學習的機會呢！

（四）整理與作業

學習活動進行到尾聲時，要把整理工作納入全體活動流程之一，讓孩子學習物歸原處、物品定位收拾、有利於再使用的便利性；更重要的，孩子應當有使用者收拾好的負責態度。

作業是對於學習活動的歸納延伸或啟發，幼兒的作業活動並不是紙筆練習或測驗，作業活動的型態可以讓老師依照幼兒的學習內容與程度加以設計，可以是指頭畫、也可以是撕貼小肌肉活動，老師可以在幼兒教育的教學領域裡，用心的變變戲法。

第三節　幼兒回家

在一天活動的尾聲中，幼兒在娃娃車與父母的接送中，畫下一天學習的句點。當可愛的小小身影要邁步回家之際，幼兒老師也要開始另一部分的工作：

一、攜帶物檢查

當最後的收拾活動結束後，老師的提醒是必須的。幼兒的小袋子裡，要給爸媽看的、要帶回家換洗的、要在家裡撕撕貼貼的，老師要如數家珍般的提示幼兒。

能讓幼兒記得牢的方法，除了反覆的耳提面命之外，把所攜帶的東西意義化，讓物品和幼兒的活動相結合、或是讓幼兒隨手收入袋中……等，都是可行的方法。

二、親師隨機談

孩子回家的時候，家長下班後的步伐也緩慢不少，老師可以利用可以自然的機會，隨機與家長聊，尤其針對孩子在校情形，與家長親切談起。

親師之間利用孩子課後隨性聊，除了促進瞭解，對於孩子的成長與輔導，也有幫助；老師要說些積極的話，而且要當著幼兒的面告訴家長，鼓勵孩子。

然而，老師仍然必須注意時間的控制，如果必須深談的，事先要透過電話或書面聯繫，當然，徵求同意是不可忽略的尊重。

三、今日事今日畢

雖然事情忙碌，但是，有經驗的老師知道，每天的教學與園務都是一個循環的流程，老師可以預先規畫，同時，依循模式、按部就班進行；尤其是不要養成拖延、累積的習慣。

換言之，幼兒離園後，正是老師實踐今日事今日畢的行動時機，把預期當天達成的工作、親師聯絡、教學內容、以及學習區的修正、作業單的更換……都可以從容完成。

四、明日之倉

不僅結束當天的所有工作，有關隔天的教學活動、活動器材……也可以提早處理。凡事預則立，事前有充分的準備，能有助於獲致更好的活動效果。

讓幼兒離園後的教師準備，成為明日最好的倉儲，等到再出發的時候，就會發現不僅豐富、充實，而且深具自信。

幼兒老師也要期許自己，讓每天都有好的開始。讓自己總是有條不紊、心平氣和的揭開一天的幼教序幕。

五、自我與省思

收拾好一天的耕耘，走在回家的路上，老師可以舒緩的回顧一天來的言行舉止，可以回溯整日的師生互動與教學流程，在回到自我的同時，老師會看到充實而成長的自己。

從省思中，可以發現自己行事的長、短處，可以慮及教學活動中、以及教學活動以外，可以修正、可以發揮、可以再努力的地方，讓自己永遠思慮清楚，為各個美好的一天，踏實走出可圈可點的規劃。

MEMO

問題思考：

1. 如何安撫對父母依依不捨的幼兒？

2. 如何設計一份適合自己的「班級經營一日之計」流程？

3. 如何處理幼兒彼此之間的衝突？

節　　次	題　綱　重　點
第一節　幼兒到園	一、值週與家接
	二、園區活動照顧
第二節　學習活動中	一、準備階段
	二、教學流程
第三節　幼兒回家	一、攜帶物檢查
	二、親師隨機談
	三、今日事今日畢
	四、明日之倉
	五、自我與省思

第四章 早餐與點心

題綱：

1. 入園(所)前的用餐

2. 幼兒早餐與點心的性質

3. 園(所)的措施

　　晨風拂面，是幼兒到園（所）的時候。從孩子的神態和表情，老師很容易猜測出小小肚子裡是飽飽的。

第一節 入園（所）前的用餐

通常，幼兒早上入園前的用餐情形，有下面幾種現象：

一、吃過早餐入園（所）

有些幼兒早睡早起，吃過早餐才上學，這些孩子通常一下車，就用跑、衝的方式，直奔操場或溜滑梯旁。

有些吃過早餐、還刷過牙的孩子，一看到門口值週的老師，紅潤著臉，眨著純真的雙眼，甜甜的和老師道早安。

有的幼兒放下在車上一路吃完的早餐碗、喝過牛奶的乳白水印殘留在唇角，耳際還蕩漾媽媽喚著擦嘴的提醒，鼓著尚未嚼完食物的腮幫子，小身子從車座上爬滑下來，右手拖拿著書包袋、左手半鈎著外套，緩緩走向教室。……

二、帶著早餐入園（所）

有些幼兒手上拎著早餐袋，從爸媽車上下來，塑膠袋裡的食物仍冒著熱氣，很像是上學途中順路買的；有的食物看起來是已經冷了，也有小朋友，袋子裡的豆漿，滴滴答答一路流到教室門口……。

帶早餐到園（所）的孩子，一進教室，有的會馬上坐在自己位置上吃；也有比較活潑的幼兒，一進門，就被教室裡的學習區、玩具、或者是熱鬧玩樂的氣氛吸引，東西一擺，一玩起來，也忘了早餐還沒有吃。

三、空著肚子入園（所）

有些幼兒車到園門口，被爸媽喚醒下車，還帶著睡意，一路打呵欠，蹣跚的走向教室；爸媽的話在後面追喊：點心吃多一點，肚子餓了，就跟老師說！

有的幼兒蓬鬆著頭髮，媽媽一旁用手忙著前後抓抓摸摸，告訴老師，孩子叫不起來，早餐也沒吃，就來了。

有的幼兒不怎麼理人，看起來有些精神不濟，對老師的熱絡沒有反應，媽媽說：太晚睡了，早餐也吃不下⋯⋯。

有關孩子入園前的用餐狀況，也是形形色色的。

第二節 幼兒早餐與點心的性質

早餐是一天中的營養精華，點心是補充幼兒活動力的中繼站。

幼兒的早餐與點心具有下列重要的性質：

一、功能性

早餐是幼兒上午活動力的主要熱量來源。每天一大早，幼兒最需要充分而均衡的養分提供活動能量；同時，早上的學習和活動通常都是每天最重要的關鍵，吃過早餐能使幼兒朝氣蓬勃、精神抖擻的迎接每天的學習與活動。所以，幼兒一定要吃早餐，而且要吃得好！

點心是幼兒正餐的副手，由於幼兒胃容量比較小，一次的進食量，恐怕無法維持兩個正餐的時間；幼兒園（所）的早點（早上的點心），在幼兒活動量最大的早上，別具意義。

二、互補性

早餐與點心在幼兒的熱能來源中，扮演著互相補充的角色。

就份量而言，早餐要讓孩子吃得飽，點心要讓孩子吃得夠。因為飽，所以在食物種類上必須多樣化、在食物份量必須均衡。因為夠，所以可選擇混合性的單類、單項食物，並且在份量上以個別數量為主。

　　早餐不能簡化如點心的少而小，點心也不能複雜如早餐的多類多量。做為主角的早餐，與做為配角的點心，各司其職，在營養與供應上相互補充，可以幫助幼兒成長得更好。

　　早餐具有強制性、遇有幼兒不喜歡但卻是必要的食物（例如：纖維類蔬菜），製備者需要轉換成剁碎或攪拌的型態，讓孩子食用。點心則較具喜好的性質，可以從幼兒興趣的觀點，加以選擇。

二、加成性

　　營養均衡、相互搭配的早餐與點心，在性質上具有雙倍的加成效果。

　　由於幼兒的活動量大、動能消耗得比較多、也比較快，在正餐間的點心，正適時發揮充實的功能。遇有幼兒必須強化的食物或營養素，點心的提供，也扮演著豐富的角色。

　　釐清幼兒早餐與點心的重要性之後，可以瞭解早餐與點心二者，於幼兒成長中共同存在的必要性，園（所）在措施上，也比較能有明確的做法。

第三節 園（所）的措施

對於幼兒的早餐與點心，園（所）基於教育與服務的立場，可以參考下列方式：

一、接納家長需求

在親職座談會上，幼兒家長們對園（所）提供早餐或點心，曾經分別從各個角度，紛紛提出許多不同的思考：

（一）主張保留點心，不提供早餐的看法：

家長認為早餐是父母與孩子一天互動的開始，為孩子做早餐是父母的天職，親子相聚無可替代，幼兒園（所）不要越俎代庖，父母也應體認幼兒年紀小，犧牲成人的睡眠、調整作息，即使不能親自做，也可以前一天先備妥。為孩子準備早餐，是父母的工作。

園（所）裡的點心有其時間性，在食物內容上也不如早餐的豐富性，把點心當早餐，父母多繳費事小，幼兒的營養、食量、進餐時間……，才更是必須顧慮的地方。

（二）認為供應早餐甚於提供點心的看法：

也有家長提起，因為自己夜間工作，早上來不及為孩子準備早餐，希望園（所）裡能供應早餐；也有家長說因為家中作息一向晚睡，孩子早上起床上學匆匆忙忙，難免吃不下：有些孩子可能起得比較晚，早餐食慾難免受到影響，有時候就空著肚子到園（所）來。……

若再熬到點心時間，對孩子的成長與學習，確實深具影響。

家長們認為，親情的珍惜大家都知道，而成人世界有時候的無可奈何也必須面對和兼顧，學前階段是過渡期，幼兒園（所）有責任基於教育和服務的立場，來協助家長讓幼兒成長得更好。

二、折衷性的服務

幼兒的早餐與點心均有其重要性與不可替代性。然而，對幼兒家庭的協助與影響，確實是園（所）必須通盤考量的整體性問題。

是否保留點心、不供應早餐；或者是取消點心、提供早餐，都必須從幼兒本身加以考慮。

換言之，園（所）裡可以從需求性的角度，採取折衷性的服務：

（一）已吃早餐的幼兒

仍在一般供應的時候，約早上 10 點左右吃點心。或配合班及活動，由老師決定吃點心的時間與方式。

對於自己帶早餐的幼兒，由老師選定一個地點、或集中於園（所）的餐點角、小圓桌或餐廳裡，讓孩子吃過早餐才到班上玩。

（二）未吃早餐的幼兒

一到園，就帶幼兒到餐廳或者是吃午餐的地方（有些園（所）並沒有另設餐廳），讓幼兒吃廚房媽媽準備的早餐。在園用早餐的孩子通常指在 8:10 分以前入園的幼兒。

然後，到上午 10:10 左右，仍然提供點心。只是吃早餐的幼兒另外支付早餐費，同時為了配合早餐服務，廚房媽媽也要提早在 7:00 上班。

有些園（所）發現，真正需要提供早餐的孩子畢竟不多，反倒是有些家長雖然來不及為孩子準備、或孩子來不及吃，仍然讓孩子帶早餐到園（所），也有些園（所）發現，為支付廚房媽媽的薪資，園（所）額外的支出，並不符合成本效益。

三、統整性的教育

園（所）裡不可忽略的是，在於提供早餐或點心的教育性。可以分從早餐與點心的營養與餐桌禮儀來談，前者著重於以家長與老師為對象，談如何為孩子準備早餐與點心；後者著重於以幼兒為對象。教孩子如何吃得得體、有禮貌。

（一）幼兒早餐與點心的營養

對幼兒來說，一份均衡健康的早餐應當包括

200c.c.到 350c.c.的牛奶一杯，二分之一個到四分之一個蛋（可以用小火煎熟，或在電鍋裡煮熟），二分之一片到一片塗上薄層奶油或果醬的土司麵包，或二分之一碗到四分之一碗稀飯，還有一片蘋果、小西瓜或芭樂，這樣就能兼顧蛋白質、醣類、脂肪、維生素和礦物質等營養素了。

當然，對小肚量的幼兒來說，點心是需要的。有經驗的幼兒照顧者會謹慎的控制早餐和點心相隔的時間，以兩小時到兩小時半之間最恰當，而且份量和種類可以減半，以免影響正餐。點心可以配合孩子的喜好，但仍須提醒喝杯開水或漱口，以免蛀牙。「吃飯皇帝大」，雖然輕鬆，卻不能馬虎。

為了避免孩子一早空腹出門，老師通常會建議家長先給孩子喝杯牛奶，然後再到學校吃園所提供的早餐。

有些老師配合角落教學，把點心送到告學習區的點心角，讓孩子依自己的需要，自行取用。

（二）幼兒的進餐禮儀

用餐是一項生活教育，幼兒教師要透過幼兒平時的學習活動中，輔導孩子正確使用餐具。

老師也要輔導幼兒自己進食，如果擔心弄髒地面，可以在孩子座椅下鋪兩層報紙；或者是指導孩子用餐盤，讓掉下來的湯汁、飯粒集中在盤子裡。

同時，取用餐點時，一次給的份量可以從二分之一起，再逐次添加，讓孩子有很容易吃光光的成就感；也讓孩子學習不要剩下飯菜在碗裡頭。

用餐後，要教孩子使用紙巾擦淨嘴，並且把自己的小碗或弄髒的桌面擦一擦。當然了，做得好的孩子，老師別忘了給一張貼紙作為獎勵！

"吃"是孩子很愉快的活動，看似每天例行的小活動之一，幼兒園（所）要做的、可以做到的教育性服務和工作，卻有如此豐富的意義存在；由此可見，幼兒教育日受重視的原因了。

MENO

問題思考：

1. 早餐對幼兒有哪些重要性？

2. 如何為幼兒設計一套健康營養的早餐？

3. 如何安排點心時間？

節　次	題　綱　重　點
第一節　入園（所）前的用餐	一、吃過早餐進入（園）所
	二、帶著早餐進入（園）所
	三、空著肚子進入（園）所
第二節　幼兒早餐與點心的性質	一、功能性
	二、互補性
	三、加成性
第三節　園（所）的措施	一、接納家長需求
	二、折衷性的服務
	三、統整性的教育

第五章　團體時間

題綱：

1. 混齡學習

2. 導生合作

3. 協同教學

　　孩子們高興的準備進入學習區玩。團體時間提供孩子們跨越班級界線、能和園（所）裡其他幼兒一起學習的機會。每個大班的小哥哥、小姐姐，神閒氣定的牽著一個被分配到要照顧的低一班的小弟弟或小妹妹一起玩，難怪許多孩子都很期待團體時間。

　　團體時間是幼兒混齡學習、導生合作的歡樂時光，也是透過幼兒教師協同教學，進行幼兒興趣課程與經驗分享的時候。

第一節 混齡學習

幼兒的混齡學習就是讓學齡前幼兒不分年齡，處在同一個環境（或班級）裡學習的方式。

幼兒的混齡學習，通常可以從型態與功能來討論：

一、混齡學習的型態

從幼兒不同年齡的混合安置程度來分，有下列幾種：

（一）鄰級混齡

指幼兒相鄰年齡的混齡型態，例如：5、6 歲幼兒，或中、小班混齡的情形。

鄰級混齡因為年齡相近，在學習內容的難度取捨上，落差性比較小。同時，因為難易程度容易模糊，教師亦不必刻意加以區分。

（二）多級混齡

指由 3 個年齡層以上的幼兒，混合編班的情形，例如：4、5、6 歲幼兒或者是小、中、大班混齡的情形。

多級混齡要從幼兒最感興趣的共同話題切入，比較容易被各年齡層的孩子共同接受，例如：以最受幼兒喜歡的米老鼠或小叮噹為學習主題，就有

"大"、"小"咸宜的果。

（三）越級混齡

幼兒混合編班的年齡是跨越一個年齡層，並非鄰級跨越的情形。通常為單、雙齡制的越級混齡。

各種不同的混齡型態在團體時間裏，可由幼兒教師依據幼兒的學習活動加以安排與調整。

二、混齡學習的功能

學前階段不同的混齡型態，各具有其不同的教育功能。因幼兒活動性質與內容，於不同的混齡型態下，幼兒團體時間裡的混齡學習具有下列功能：

（一）主動學習的功能

在打破陌生期的過渡階段裡，幼兒能夠自然而然地、自發性地與接近學習的內容（例如：積木、辦家家酒），在操作中，其他友伴逐漸加入、對話，形成一個小團體學習網。

（二）群性適應的功能

在團體時間裡，混齡的幼兒固然有年齡的差距，但因共同相處，就能習慣於在自然的接觸下，培養與不同年齡階段幼兒相處的能力，培養幼兒群性適應的基礎。

（三）情意教育的功能

　　由於包容不同年齡的幼兒於同一學習情境，在和具有不同成熟度、自我觀念與獨佔性幼兒相處、接觸的情形下，孩子相互間可能產生的摩擦與衝突勢將難免。

　　有些老師往往因為有此顧慮而避免幼兒的團體混齡活動，實在是很可惜的現象。

　　其實，孩子在混齡安置的團體時間中，糾紛的發生與解決，正是涵養孩子群性教育的最佳時機；教育是無所不在的，有些教育孩子的好機會，稍縱即逝；不必迴避孩子可能產生的不愉快，把教育的必然過程讓孩子親身體驗，老師會驚訝的發現：孩子的潛能實在超乎我們的想像！

第二節 導生合作

　　導生合作是讓幼兒在團體時間裡互相教導、合作學習的一種方式，幼兒的導生合作是最讓老師覺得自己無用武之地的時候。

　　幼兒導生合作的神奇，究竟發揮了什麼讓老師們驚訝的效果呢？

一、增加幼兒討論的機會

　　幼兒導生合作的過程中，互相討論的機會相當多：尤其在玩有許多玩法的器材或活動時，像：大風吹，吹什麼呢？就讓幼兒去討論吧！

　　在討論的過程中，幼兒在傾聽、在吸收別人的意見、也在調整自己的想法。

二、促進幼兒助人的能力

　　在導生合作的過程中，針對某一項活動，幼兒把他已經會的，試圖教給比他還不會的孩子：等到換成另一項活動時，有可能會與不會的對象對調了，幼兒在如此交替指導與學習的過程中，幫助別人、也幫助了自己。

　　對於自信心與自尊心強的孩子，促進其助人的能力，會使幼兒想把自己的能力多加發揮，更有成就感；對於內向型的孩子，導生合作的助人歷程將使他更能肯定自己，讓自己更開放。

三、引導幼兒的社會化行為

　　幼兒從導生合作裡，學習與其他孩子溝通、協掉，一起決定玩具的操作方法、決定遊戲的規則、使用者的先後次序、以及讓自己服從團體的規範……，學習社會化的行為。

　　在團體時間裡，幼兒的小社會，同儕間的默契與次級文化，正影響深遠的逐漸教導幼兒，如何成為一個小小的社會人。

　　這種「導生合作」的學習方法，是團體時間裡的特色。團體時間是培養孩子群性適應最好的時機。孩子必須透過與同儕間的人際互動，來完成行為的社會化。

第三節 協同教學

協同教學是教師透過小組的型態、以合作的方式，進行幼兒學習輔導的歷程。

在幼兒團體時間裡，老師們運用協同教學，可以各自施展所長、發揮下列的教學效果：

一、增加相互觀摩的教學效果

在合作與分工的協同教學過程中，同一時段裡，由一位老師帶領跨班、混齡的孩子共同學習，其他老師以從旁協助的角色、支持及參與。

對幼兒教師而言，再以個人專長輪流輔導的歷程，可以"相觀而善之"，學人所長：一旦自己上場，也是教學相長。

二、滿足興趣課程的教學效果

興趣課程是依照幼兒專長所編選、安排的課程，包括補救缺點、讓不好的變好的補償性課程，與增強優點、讓好的變更好的充實性課程。

教師在協同的合作前提下，讓幼兒有學習其較佳能力的充實性課程與較差能力的補償性課程。

團體時間裡的興趣課程通常安排在午後時間，或者是穿插於學習區活動、角落探索課程的空檔時間裡，除了增進幼兒間的群體學習、也有奠定幼兒基礎能力的用意。

三、啟發經驗分享的教學效果

每一位幼兒教師在協同教學的引導過程中，經常運用分享的分式，引導孩子陳述學習心得、表達學習經驗、並提供學習中發現的捷徑與要領，給予後來學習者有借鏡的收穫。

在孩子統整與表達的學習中，經驗分享是幼兒心智發展的重要媒介。孩子可以表達其學習時，運用器材的發現，包括：不一定要每個人一分器材、可以兩個人一起觀察小豆芽，畫下小豆芽生長的情形；也可以是三個人一起堆沙蓋城堡，插交通旗；或者四個人同心協力疊積木，建造一棟摩天大樓。

除了陳述共同完成作品的心得外，分工的經驗分享也是團體時間的活動要項。當老師清楚的告訴孩子被分配的工作是什麼，同時也能仔細而明確的教導孩子如何負起責任，提事情做好。

不論是混齡或分齡編班，小班的孩子可以交代輕輕關門、開門的任務；大班的孩子可以踮腳尖按電燈或電扇的開關；大班的孩子可以分發器材物品。在老師的指導和鼓勵下，孩子們的表現大都能不負眾望，而且表現出獨立負責的態度來。

經驗分享是團體時間的壓軸。在針對學習過程和內容，拋問題讓孩子去思考、回想、再回答、告訴大家自己的心得和想法時。譬如說：有誰看到小豆芽的葉子是什麼顏色？誰想要畫小豆芽的葉子給大家看？團體時間內的幼兒學習，是多元化、極富價值的。

MEMO

問題思考：

1. 進行團體活動時間，可促進幼兒哪些能力的發展？

2. 如何引導幼兒分工合作？

3. 如何進行經驗分享？你有更與眾不同的點子嗎？

節　次	題　綱　重　點
第一節　混齡學習	一、混齡學習的型態
	二、混齡學習的功能
第二節　導生合作	一、增加幼兒討論的機會
	二、促進幼兒助人的能力
	三、引導幼兒的社會化行為
第三節　協同教學	一、增加相互觀摩的學習效果
	二、滿足興趣課程的教學效果
	三、啟發經驗分享的教學效果

第六章　課程安排

題綱：

1. 家長的期許
2. 幼兒課程安排的型態
3. 園(所)的課程安排實例

課程是幼兒學習的主要內容與活動。由於家長的關心，近年間，園（所）課程安排受到矚目的程度，已然成為家長選擇的關鍵，並成為園（所）招生的最大訴求。

檢視幼兒的課程安排，本章分從家長的期許、幼兒課程的類型與園（所）的安排，加以討論。

第一節 家長的期許

　　家長是考量幼兒入園（所）與否的決策者。天下父母心，莫不對於幼兒學習與接受教育的內容寄予莫大的期許。此即為幼兒教師所肩負的重任。

　　幼兒家長各因其社經水準、職業成就、教育水平、與自我實現的抱負不同，產生對幼兒學習的諸多期待，進而，反映於對幼兒園（所）在課程安排上的不同期許：

一、趨勢性課程安排

　　二十一世紀是國際化的時代，英語和電腦是不可或缺的利器，所以，雙語（國語或台語無所謂，但是務必有一項是美語）或多語課程（加入日語）是必須的，電腦課程也不能少，讓孩子及早接觸、多接觸是家長普遍的想法。

　　透過一系列套裝的教學方法或教材，家長可以清楚幼兒的學習進度，瞭解幼兒的學習成果。幼兒的套裝課程安排，在學習上，讓家長有放心的安全感，加以精美的封面、成套陳列書架上，隨著進度，有些家長相當能夠滿足於幼兒一本又一本的成就。

　　有的家長甚至於喜歡孩子帶著外文字樣的教材，因為想到園（所）招生的話：本園與美日先進國家幼兒同步學習！彷彿孩子置身與眾不同的學習情境般有些榮耀似的。

二、外聘式課程安排

有些家長崇尚術業專攻的老師；幼兒教師不是萬能的，所以支持園所外聘老師愈多，表示課程安排得越多，孩子會學得更好。

所以，園所裡有陶藝老師、體能老師、音樂老師、美術老師、英語老師、電腦老師、……等等，不一而足。這些幼兒的學習成果，在畢業展或家長參觀日時，會熱到最高點。

到了大班，要求園裡最重要的外聘老師是注音符號老師，有些家長也期許，小班一入園，第一件事就學寫自己的姓名。

三、雜燴式課程安排

由於家長經常要四處接送孩子學習才藝，有的園（所）在課程安排上強調家長想要讓孩子學的，園（所）裡通通都有，要家長不必再疲於奔命。

如此期許下的課程安排，幼兒入園（所）後，開始像陀螺般的旋轉，也像上了發條的機器：換班、趕場……因為，什麼都學。

接送的家長看到鼓鼓的書包，又是樂器、又是畫板，心裡實在不免是有些得意的，因為想想孩子這麼小，就會了這麼多了，真是青出於藍啊！

四、無為式課程安排

認為幼兒就是幼兒，在學前階段，讓孩子快快樂樂成長，就是教育的目的了，不要強制孩子學習，也不要揠苗助長。

　　如果園（所）裡能按照孩子的發展，安排與規劃課程，讓孩子自然的學習、快樂的玩耍，這就足夠了。

　　面對家長對於幼兒課程安排的不同期許，幼兒教師要以設身處地的思考，加以了解與接納；對於家長的急切或補償心理，不必一味予以排斥，尤其更要積極的以幼教專業的能力與素養，與家長多溝通、並且以合乎幼兒教育與幼兒學習型態的方法，協助、轉換家長的期許，讓親師間共同攜手為幼兒成長一起努力。

第二節 幼兒課程安排的型態

　　臺灣地區幼兒教育課程安排的型態，包括各公、私立幼稚園與托兒所等學前教育機構，大致上，可區分為下列幾種：

一、特色型課程安排

　　著重以某一項幼兒學習特色，作為課程編排的重點。例如：強調以"健康、體能"為主的課程安排，以幼兒感興趣、體能性、通俗性的體能活動，——游泳、桌球、足球、跑步……以固定的比例，安排於幼兒每週的學習活動中。另如，以音樂為主、或以才藝為特色的幼兒園（所），也有類似的安排。

　　此外，著重教學法取勝的，如："蒙特梭利教學法"或者是"福祿貝爾教學法"等，則同時搭配套裝的操作型教具，可以做為教師指導幼兒時的操作物，亦可做為教師教學時的輔助器材。其幼兒課程安排則以此教學方法為其主要架構。

　　至於以雙語教學環境為特色的，且利用每個半天（上、下午互輪）幼兒全上外語的課程安排，在一位幼兒教師搭配一位美語教師的學習下，幼兒學習以語言為主，依照每月學習進度，幼兒循序接受進階測驗，必須進行補救教學的幼兒，另由老師安排輔導課程，務以幼兒達於預定學習目標為課程安排特色。

二、拼組型課程安排

為一種包含各項不同型態的課程安排，有類似分科教學的型態，且多以各科套裝教材為主的方式，於幼兒每天的學習活動中進行。

例如：語文類採用書局出版的兒歌讀本、數學類以市面上成套的評量簿測、自然觀察用盒裝附實驗器材的科學實驗、美語買書卡一組的 ABC 教材……，依照幼兒在園時間，排定節次，讓幼兒按課表上課。

各科教材的供應業者，通常也提供定期師訓，園（所）教師依照使用比例，採部份付費或免費參加。主要目的在於協助幼兒教師勝任其課程類型之教學。

三、單元型課程安排

係以單元學習作為幼兒的課程安排，在既定的教學目標下，幼兒的學習內容，有由教師自編教材的、有購買出版品，包括教師手冊與幼兒讀本的、也有是採定期刊物做為幼兒單元學習的課程。

教師自編的單元型課程，安排於幼兒的實際學習進度與活動時間內，較能吻合幼兒實際容受的學習份量。

套裝的教師手冊與幼兒讀本，可以代勞提供家長整學期課程安排規劃表，表面效度之外，有些老師仍然莫名不知所教。定期刊物有月刊式、季刊式、週刊式的型態，在課程安排上，教師需注意其統整性，以及避免流於進度上的追趕。

四、統整型課程安排

以幼兒統整學習為課程安排的主軸，基於幼兒學習的健康、語文、工作、常識（包括：樹、自然與社會）等領域，並以幼兒的音樂與遊戲（含律動）型態，作為的學習方法。

統整型課程安排包括主題式（或稱方案式）、高瞻式（或稱廣域式）、以及學習區式等類型。

主題式課程安排強調在一經過師生共同討論的主題情境下，提供統整性的學習小站：高瞻式課程安排著重透過師生互動，提供統整性的學習環境，啟發幼兒主動性學習；學習區式課程安排主張透過統整的方式，以開放而多元的學習角，引導幼兒發現與探索學習。

統整型課程安排強調幼兒是學習的主體，老師是在教人、而非教教材；同時，幼兒的學習是完整與統合的，並非分科的內容。

幼兒的課程安排類型殊多，除上列型態外，尚有兼採各類的混合型課程安排。

不論採用何種類型，幼兒教育工作者務要以幼兒為考量重點、發展園（所）的教育精神與特色、顧及區域性的家長需求、教育家長、並時時自我教育。

第三節　園（所）的課程安排實例

由於地域性、家長的需求與個別性，以及園（所）的經營方向，因此，在課程安排上，皆有其不同的思考重點。

衡諸時下園（所）的課程安排，試舉下列數則實例，藉供參考：

一、戶外教學的課程安排

可以在秋天太陽不大、天氣溫和的日子，採用「郊遊」、「走路」的方式，進行短程的、社區式的戶外教學。

課程安排可以是社區公園裡觀察池塘裡的生物。在孩子們嘰嘰喳喳，小嘴巴和心情一樣雀躍時，教師要記得分配放大鏡、撈網、觀察箱、塑膠袋……等一切就緒後，還要檢查止渴的小水壺，以及擦汗的手帕，然後，才是大手牽小手邁步走向公園。

二、生活性的課程安排

「教育即生活」，如何把生活中的種種能力化做學習的素材，這就是幼兒教育功能性的、實用性的課程。

幼兒到園所裡來，在老師的規劃下，接受結構性的、有層次的學習。在細水流長中，老師要從生活的角度幫助幼兒成長。

例如：教幼兒洗手、洗腳、洗臉（提示家長在家指導如何洗澡、洗頭）、剪指甲，並且透過晨間檢查與清潔寶寶活動來增強。

例如：教幼兒摺被、掛外套的要領，教幼兒洗小手帕……都是可行的生活教育。

三、遊戲化的課程安排

在角落教學的架構下，讓課程呈現遊戲化、操作性的風貌。

讓每個孩子 都能動手做，學習解決問題。

對於一再要求編排讀、寫、算的家長，透過溝通來接受老師的建議。

從孩子的專注、靈敏和旺盛的學習動機上，教師可以欣慰地看到自己的努力成果與辛苦代價。依課程標準和幼兒身心發展的需求與特性安排幼兒課程，讓孩子作中學、讓孩子遊戲地、快樂地學。

教育的目的在於希望啟發孩子像工廠般，能吸收、轉化、再製造出新產品來；而非讓孩子像堆棧一般，成為累積學習的倉庫，每天不斷的、反覆操練讀、寫、算，卻使腦力僵化而不知變通。基本上，園（所）的課程安排應當配合幼兒的身心發展和能力，轉換家長的需求、營造有特色的幼兒教育天地！

MENO

問題思考：

1. 如何把幼兒生活中的各項
   自理能力化為學習素材？

2. 有必要安排才藝課程嗎？

3. 什麼是統整式學習？

節　次	題　綱　重　點
第一節　家長的期許	一、趨勢性課程安排
	二、外聘式課程安排
	三、雜燴式課程安排
	四、無為式課程安排
第二節　幼兒課程安排的型態	一、特色型課程安排
	二、拼組型課程安排
	三、單元型課程安排
	四、統整型課程安排
第三節　園（所）的課程安排實例	一、戶外教學的課程安排
	二、生活性的課程安排
	三、遊戲化的課程安排

第七章　角落學習區

題綱：

1. 角落學習區的由來

2. 角落學習區的發展型態

3. 角落學習區的分類

4. 幼兒教師的任務

許多人印象裡的角落學習區，是教室裡運用好幾個櫃子，把幼兒學習的空間化分成幾個「方塊」，然後，每節課在老師說明後，小朋友便在老師分配，或自由選擇的情況下，投入方塊裡，進行操作與學習。

　　什麼是角落學習區？角落學習區對於幼兒學習具有什麼意義？如何規畫角落學習區？_.者是本章要討論的課題。

第一節　角落學習區的由來

對於角落學習區的認識，可以從角落的內涵、緣由與原理得知：

一、角落學習區的內涵

「角落」指的是一個空間，一個區域，這個空間和區域是為了能啟發幼兒自我引導，自發性學習，培養幼兒創造能力所規劃的，因此，名為「角落學習區」。

就涵義而言，角落學習區是屬於幼兒學習區的一部分，但是，有些幼兒教師也把角落學習區視為幼兒學習區的代名詞。事實上，由於幼兒學習區大多散布於幼兒活動室（教室）各角落，且因具有空間、區域的性質，係為能啟發幼兒自我引導、自發性協、培養幼兒創造力所規畫，因此，幼兒學習區慣常被稱為角落學習區。

二、角落學習區的緣由

把幼兒活動室（教室）的角落，轉換為孩子學習的天堂，這個概念起源於：第二次世界大戰後，美國德州中部一所由一群德裔科學家的眷屬合辦的幼兒學校。

該園收托兩歲半到八足歲的幼兒為照顧與教育的對象，園內涵蓋托兒部，幼稚部與低年級三部份。

低年級與兩歲半的托兒部採分齡教育與照顧，幼稚部自三歲到六歲階段採混合齡學習方式。

角落學習區即因在該園實施後，頗有成效，而逐漸受到大家的注目。

幼兒教師對於角落學習區的規畫，是幼兒教師欲其達成學習效果的重要起步。也是幼兒教師善用環境教育、豐富而充足地帶給幼兒適性學習與快樂童年的努力。

三、角落學習區的原理

角落學習區主要源自於福祿貝爾的遊戲教學法，蒙特梭利的啟發式學習、布魯納的發現學習、與赫恩的合作學習等理念。

福祿貝爾認為遊戲是幼兒最寶貴的經驗，也是一種幼兒自發性的活動。玩，是童年的代名詞，愛玩、想玩，是幼兒理所當然的特徵；蒙特梭利強調幼兒有自我發展與學習的內在潛能，在教學者用心規劃的學習情境（預備的環境）中，能啟發幼兒在感官、語言、動作等方面的統合發展。布魯納認為幼兒能從實際操作中發現問題、探索事物的根源，教師應配合幼兒身心發展、以螺旋累積的方式、逐層加深加廣、轉換與調適幼兒的學習內容。

赫恩以幼兒社會性為考量，強調透過自然情境的學習與引導，能使幼兒習得與人相處、共同協商、討論、完成作業或成品的認知歷程。

所以，幼兒教師在規劃角落學習區時，應當善用環境教育、啟發幼兒擴散性思考、多元創意的學習能力：以及同儕分享、合作討論的群性教育。

第二節　角落學習區的發展型態

角落學習區的情境規劃共有下列四種發展型態：

一、結構式的角落學習區

又稱櫥櫃期，係以櫥櫃做為角落與角落間的區隔。結構式的角落學習區使幼兒活動室成為一小塊、一小塊整齊的空間。

二、半結構式的角落學習區

又稱情境期，係以教學情境和降低櫥櫃高度，滿足幼兒操作學習時，能與老師保持目光平視的視覺空間安排。

三、開放式的角落學習區

又稱延伸期，係以空間的開放性，讓幼兒完全自主的選擇學習區；老師並不越俎代庖、替孩子分配或為孩子做決定。

強調課程的開放性，以幼兒的上一個學習活動延伸出下一個學習活動，孩子本身的學習活動就是目標，老師不必為幼兒預設學習目標。

四、區分式的角落學習區

又稱為區分期，綜合與折衷前三代的特色，強調把空間還給孩子，主張角落學習區未必借重櫥櫃立體式的區隔，可以轉為地板平面式的區分，如此便能兼顧空間的開放性與師生的視覺接觸。

幼兒教師可以參照園（所）的體質與背景，加以運用和規劃。

第三節　角落學習區的分類

角落學習區可依幼兒的活動場地與學習情境，加以分類：

一、依幼兒活動場地分類：

可以分為班級式的角落學習區與全園式的角落學習區兩類。

（一）班級式角落學習區——

為分齡式的教學型態，係以班級為主，由各班幼兒教師規畫、統整幼兒各項課程與學習領域，落實於各角落學習區中，並引導幼兒自發性探索與主動學習。

幼兒可依其組別，逐日進行每一學習角之操作與學習。

（二）全園式角落學習區——

為混齡式的教學型態，係以全園規畫的方式，教師採協同教學，依幼兒的課程與學習領域，各活動室（班級）規畫為一個學習區，跨越班級界線，讓幼兒依其興趣、或由教師引導選擇學習區、配戴學習區的識別圖騰（如：大象班的象寶寶、花鹿班的小鹿班比等），再逐週轉換不同的學習區。

二、依幼兒學習情境分類：

可分為探索角（又稱固定角）式角落學習區與教學角式角落學習區兩類。

在幼兒操作歷程中，探索角是幼兒上午到園、及下午離園前自由探索的學習區域，具有自發性學習的含意。教學角為教師進行引導、啟發學習的學習區，具有目的性教學情境的作用。當幼兒在教學角中完成預計的學習時，幼兒教師亦可允許其進入探索角自由操作。

探索角與教學角二者深具相互為用、相輔相成的功能。

（一）探索角式的角落學習區——

為規畫在活動室（教室）內四周圍的學習區。係依據幼兒的活動性、兒語化與童趣加以命名。

一般來說，探索角有擬人化的娃娃家（角）、紓解情緒的情緒角、貓貓腳、悄悄角、快樂角、生氣角：以及扮演角、漂亮角、觀察角、積木角、益智角、玩沙角、律動角、塗鴉角、木偶角、樂器角……等。

探索角式的角落學習區具有成為：學習區佈置與設備、學習過程等待、及補充與延伸教學角式角落學習區之性質。為發揮探索角引導幼兒主動學習的功能，除非涉及常規，教師通常尊重幼兒自主性的選擇，並不刻意加以分配或選派。

探索角式的角落學習區以教師欲期幼兒達成的學習目標為主軸，呈現加深、加廣、多元與多樣化的學習內容。

　　在規劃上，探索角式角落學習區可利用彩色膠帶、小地毯、拼圖式泡棉，配以生動可愛的造型加以區分；但是，並非以各種櫥櫃來區隔各個角落，以免把教室變成了迷宮。

　　（二）教學角式角落學習區—

　　為規劃在幼兒活動室（教室）室內中央位置的學習區。係依據幼兒課程學習領域加以命名與配置。

　　一般說來，有健康角、語文角、工作角、常識角（或再細分為：數學角、科學角、自然角等）；由於音樂與遊戲是應用於各領域的幼兒操作與學習方式，所以，通常並不單獨設角。

　　教學角式角落學習區係隨著教學活動的開始而呈現，亦隨著教學活動的結束而收拾整理。因此，能讓幼兒在活動室（教室）內有充分的活動空間，並濡染角落學習區的自發性學習效果。

　　教學角式角落學習區是教師引導、啟發幼兒進行學習的主體。教師運用編選的教材、規畫教學角的學習資源，讓幼兒在開放式的學習與操作中，快樂、專注、主動、創意性的滿足自我學習的目的。

第四節　幼兒教師的任務

在規畫幼兒的角落學習區時，老師的任務在於瞭解規畫的步驟，以及省察對於角落學習區的認識。

一、規畫角落學習區的步驟

幼兒角落學習區的規畫步驟，分從平面規畫與實際百至兩方面，依序進行：

（一）平面規畫—

包括：地面（探索角）與壁面（即單元情境）兩項內容。其步驟分為空間實際丈量（長、寬，含室內固定物與非固定物的擺置與設備）依比例尺縮圖標明物品位置、進行角落配置等項流程。

（二）實際擺置—

以平面規畫為藍圖，進行教室內實際操作物之空間配置與角落陳設。其步驟包括：地上物移位、教學資源與器材的統整運用、角落牌的繪製、護貝與貼、掛等。

二、幼兒教師的角色

為使幼兒能於透過遊戲、探索與操作學習，幼兒教師宜體認在角落學習區裡，具有下列角色：

（一）以幼兒為中心，把握角落學習區的特性：
　　1. 學習情境的低阻隔性—讓師生可以目光

保持接觸與平視，讓老師可以一覽幼兒的學習活動。

2. 學習歷程的低指導性—尊重幼兒，少干預、少介入，讓幼兒可以盡情盡興的專注學習。

3. 學習活動的高自發性—由幼兒學習選擇、做決定，讓幼兒可以愉快的選取自己想玩的對象、想學的內容。

4. 學習活動的高創意性—多起發幼兒自己動手座、自己想辦法，讓幼兒可以自主、自在的操弄玩具、探索學習。

（二）把握引導、協助與支持的角色：

1. 引導者的角色—在幼兒的角落學習區裡，老師是一位開啟與指引的人。

2. 協助者的角色—在幼兒沈浸於角落學習時，老師是一位巡迴的協助者。

3. 支持者的角色—在幼兒百思不得解時，老師是一位畫龍點睛的支援者。

在幼兒角落學習區裡，從構思、彙整資源、規劃、完成到引導學習，教師的掌握幼兒學習實況、巧妙而適性的發揮角色功能，無疑是幼兒角落學習區發揮最大成效的重要關鍵。

千里之行始於足下，幼兒教師邁開步伐，呈現角落學習區的努力，將更使新生代幼兒朝向開放、多元的學習境界。

問題思考：

1. 何謂「角落學習區」？

2. 角落情境規劃有哪幾種規劃型態？

3. 如何把課程設計結合在角落學習區中？

節　次	題　綱　重　點
第一節　角落學習區的由來	一、角落學習區的內涵 二、角落學習區的緣由 三、角落學習區的原理
第二節　角落學習區的發展型態	一、結構式的角落學習區 二、半結構式的角落學習區 三、開放式的角落學習區 四、區分式的角落學習區
第三節　角落學習區的分類	一、依幼兒活動場地分類 二、依幼兒學習情境分類
第四節　幼兒教師的任務	一、規劃角落學習區的步驟 二、幼兒教師的角色

第八章　遊戲教學

題綱：

1. 幼兒認知性學習的遊戲教學

2. 幼兒遊具性學習的遊戲教學

3. 幼兒資源性學習的遊戲教學

教室裡，幼兒正在角落裡玩得起勁：泥工角裡，方怡捏出一列長長的火車；積木角裡，明仁在蓋一座四合院老厝；怡靜坐在沙坑旁挖水溝；低矮的洗手台旁前，宏昌的水車忙碌的咕嚕咕嚕轉著……教室裡充滿了快樂的學習氣氛。細心的老師，正在一旁專注凝視一方面繕寫觀察記錄、一方面 準備適時上前協助需要幫忙的幼兒。

遊戲是幼兒最好的學習途徑。讓孩子在遊戲中學習！

本章將從幼兒的認知性、遊具性與資源性學習等方面，談教師如何透過遊戲的方式引導幼兒學習。

第一節 幼兒認知性學習的遊戲教學

　　幼兒的認知性學習包括語文（含：故事歌謠、說話與閱讀）、常識（含：數、自然、社會）、以及其他有關基本概念的學習等內容。

　　教師在幼兒認知性學習常用的遊戲教學方法有：

一、接龍性遊戲教學法

　　係指在某一主題下，由老師、或某位小朋友引出第一句（或第一部分），然後由另一位小朋友接續、其他小朋友緊跟著銜接出故事的發展與劇情。

　　例如：討論「小紅帽和大野狼」的故事，可以在小紅帽出發以後，看見了什麼……開始接龍。

　　例如：做數序的接龍遊戲，可以使用撲克牌，先從相鄰數序，如 1.2.3.4……等逐一排列：其次，從相間隔的數序排列，如奇數 1.3.5.7……，偶數 2.4.6.8……，或 3 個一數、5 個一數的排列遊戲。

　　接龍遊戲法有腦力激盪的新奇，能幫助幼兒拓展創意與想像的空間，在童趣中，往往有幼兒突發奇想的結局，令人莞爾。若利用紙牌、字牌與圖牌的接龍，幼兒在學習範圍上，將更能擴展。

二、揭示性遊戲教學法

　　把學習內容遮蓋，可以是一組圖、文，也可以是一句話搭配一個動作或圖形，當主持者揭示一個主題時，則由幼兒聯想一組詞、句或動作。

例如：老師由一位自告奮勇的幼兒揭示「到菜市場」的主題，然後，由幼兒舉手想出、說出、或表演出相關或相反的、無關的詞句、動作來。

例如：做數的組合與分解的揭示遊戲，老師可以將某數可能的組合與分解分別寫妥蓋住，讓幼兒發表、選揭示排，在不斷的揭示過程中，幼兒要不停運思，與別人不同的組合與分解還有哪些。以「6」為例，可以做的分解與組合有：0+6=6，1+5=6，2+4=6……等型態，揭示遊戲法有猜謎的樂趣，再揭曉的剎那間，幼兒的期待性，最能激發學習動機。

三、配對性遊戲教學法

準備與學習主題有關的圖片或實物，彙整幼兒欲進行認知的字、詞、句，老師利用長、短紙牌（可圖寫的磁鐵板、壓克力板……，先行書寫；另外還有方形小板，書寫單字、拼音、短詞等，作為配對用。

當老師呈現一幅圖時，同時配合老師的陳述（或引導幼兒發表），說出一組詞、或一句話，然後由老師或小朋友舉出與所說詞、句相關的長、短牌，加以配對；此外，也可以再細分為詞句中的單字搭配。

在學習植物觀察時，把植物與名稱相互配對，也是可行的遊戲方法。目前有些親子遊樂區就是以配對法指導幼兒認識園區植物的活動。

語文認知的配對遊戲可以協助幼兒由動作的瞭解，轉而對於抽象字體的認識，幼兒教師可以不落入強求孩子透過書寫學習認字的窠臼，就能讓孩子生動、有趣的學習認字。

配對法尚可延伸為等值配對或轉換配對，例如幼兒在「商店街」的買賣遊戲就是很有趣的常識領域（兼含數、自然與社會性）的學習。

幼兒在認知領域的遊戲教學，是教師表現幼教專業的最佳發揮處。學齡前的認知學習亦唯有透過遊戲的生動、輕鬆與自然方式，最能符合幼兒的學習接受程度，也是最能協助幼兒踏實學習、能夠真正幫助幼兒學得到、學得好的途徑。

第二節 幼兒遊具性學習的遊戲教學

幼兒遊具包括大、小肌肉、軀幹與感官等各項活動器材。幼兒遊具本身即已富有相當度程之遊戲性質，教師透過遊具進行的遊戲教學，以安全性的考量為前提外，主要在於把握幼兒的學習價值與目的；換言之，除了讓幼兒在課間自發性使用遊具，教師應當善用遊具、納遊具利用於教學活動中，賦予遊具有更系統、結構化的學習意義，而非僅止於淪為"放牛吃草"的譏謓而已。

常見的幼兒遊具性學習的遊戲教學方法有：

一、創意性遊戲教學法

讓幼兒先操作遊具的一般玩法，然後再引導幼兒以逆向、多元的思考方法，創造出不同的玩法。

老師在幼兒五花八門的創意中，要注意安全與幼兒能力、負荷性的把關。在幼兒思考之後，讓幼兒各有 5～10 分鐘的練習，接著，可以讓每個孩子把自己想出的玩法，示範給所有的小朋友看，老師可以從旁加以修正，最後，再讓"發明"的孩子帶大家玩一次，當然，老師一定要記得給予孩子及時而適當的增強、鼓勵。

例如：做翹翹板（老師先檢視遊具的穩定性、與板下墊物的安全性），傳統的玩法是兩端各坐一位幼兒。老師可以藉機說明幼兒不同的體重，影響翹翹板平衡的原因；其次引導幼兒思考可以怎麼坐、怎麼玩，想想看翹翹版有哪些不同的玩法。

此外，還可以引導幼兒擴展思考的領域，示範給孩子看、並且引導幼兒動動腦想想：用一個石頭為支點、一根木棒可以稱起物體重量的原理和方法，讓孩子做做看、體驗自己的感覺，玩出自己的方法來。

老師可以不必勉強加入如：槓桿原理、施力點、施力臂等專有名詞讓孩子記憶，不過，可以配合幼兒的學習單元，讓孩子從操作中發現與瞭解。

創意性的遊具教學法，可以引導孩子類化和轉換，對於幼兒在問題解決能力方面，也有幫助。

二、交錯性遊戲教學法

交錯具有：方向上的可逆性與內容上的混合性意義。透過遊具進行的交錯性遊戲教學法，主要在依據幼兒可逆與保留的成長特質，引導幼兒操作遊具、充實幼兒學習內容的歷程。

交錯性遊戲教學法有方法的交錯性與工具的交錯性兩種型態。

（一）方法的交錯性遊戲教學

是讓幼兒學習模仿、自行創造、或與其他幼兒共同討論，利用同一種遊具，交錯運用兩種以上方式的玩法。

例如：溜滑梯。老師要提示幼兒：透過不同的下肢運用方法，可以交錯地玩出不同的溜滑梯。——當幼兒伸直兩腳與屈起兩腳的受力點是不同的，當幼兒加上雙手扶住滑梯兩緣與兩手平放腳側的下滑力是不同的；引導幼兒：透過肢體的不同姿勢，交錯與混合的體驗不同的玩法和作用。

方法的交錯性容易滿足幼兒好奇心與新鮮感。讓幼兒感受使用遊具的變通性與流暢性；重要的是，讓幼兒學習從正、負向，順勢與可逆反應中，瞭解遊具不只一種玩法的意義。

（二）工具的交錯性遊戲教學

工具性交錯則是讓幼兒與人合作、或自己獨立操作、利用不同工具，交錯運用一種相同的玩法。

例如：用墊板向上拍毽子。墊板可以是塑膠墊板、也可以是小木板；向上拍打的毽子，也可以是小橡皮、或是其它平狀的木片、塑膠片等。

老師可以引導幼兒同時準備不同遊具，透過個別性的、能與人合作的方式，進行工具性交錯學習。

由於工具的交錯性，老師可以先從小型的、輕便的、可以獨立操作的遊具著手；在進行合作式學習時，才逐漸引導至中、大型的遊具。

運用交錯性遊戲教學方法時，老師要注意幼兒興奮情緒的克制，有些幼兒在引發與滿足的興致下，會有無法自我控制的衝動，非得盡興才罷手。

第三節 幼兒資源性學習的遊戲教學

遊戲是兒童的工作，透過自然資源引導幼兒學習的遊戲教學方法，重點在於利用俗稱的「幼教四寶——沙、水、黏土與積木」所進行的遊戲教學型態。

一、沙的遊戲教學法

挖沙坑、踩沙堆、握沙、抓沙，沙的流動感，是培養孩子觸感敏銳的最佳途徑。當顆顆沙粒從孩子緊握的手中留下時，也是培養孩子專注力的最好時機。

除了園裡的沙坑外，老師也可以利用塑膠臉盆、生日蛋糕的保力龍盒來做個小沙箱。透過沙，可以進行畫字、抓取、翻動、牙籤差旗等遊戲教學。

沙有細沙、白沙與粉沙，玩沙的遊戲有抓、溜、挖、掘、堆、布……有些園（所）也以小細石取代沙，不論使用何種材質，老師都要注意細小的沙不要沾上幼兒眼睛、不要流入幼兒的口腔、鼻孔與耳朵。

二、水的遊戲教學法

洗手臺、水盆、游泳池……是幼兒玩水的好地方。如果是讓孩子直接玩水，要注意水溫和氣溫，以免著涼。透過水的遊戲教學，可以玩水溫的變化，糖、鹽、細沙與晶體的溶解。

透明的杯子、量米的塑膠杯和布丁杯子，可以用來觀察水的形狀變化，引導幼兒瞭解質量不滅的道理。玩水車可以體會水力的大小。

水的流質與變化，由可做顏色的渲染、滲透與擴散遊戲和觀察，水是孩子很好的學習媒介。

在利用水的遊戲教學時，老師要注意氣候與水溫的調適、幼兒玩水的裝備（如防水圍兜、擦拭乾布等）；讓幼兒在遊戲學習中，也注意及自身保健。

三、黏土的遊戲教學法

黏土類遊戲的最大作用，是可以幫助小肌肉的捏塑動作與創造力的發展，任何模型、器具都可以促使黏土做更多的造形和發揮。

在戶外，黏土可以延伸為泥土；在家裡，黏土可以轉換成麵糰。這些抓捏壓擠的動作，也是幼兒抒解情緒的好方法。

老師可以設計捏、抓、貼、黏、壓、扭的活動，配合工作與美勞，讓幼兒盡情發揮。黏土的遊戲教學要包含清潔活動，讓幼兒學會墊上塑膠布才放入黏土素材、讓幼兒學習經驗的遷移、體會把美勞的創意融入質樸的黏土捏塑的發現、讓幼兒工作完畢後，洗淨雙手。學會清潔的收拾工作。

四、積木的遊戲教學法

積木形形色色，一直是吸引幼兒成長的焦點。

隨著幼兒成長，選擇積木的材質要從輕巧的泡棉製、塑膠製到木製：選擇積木的玩法也可以從簡單的堆疊、拼排、組合、分解到創意性的運司建構。

透過積木的遊戲教學，有可以讓孩子的想像遨遊四海的未來世界城、有結合空間結構的摩天大樓、有組合與拼湊的數字網、有嵌合、組裝的機械造型……不一而足。

透過積木資源的遊戲教學，可以複合性的讓每個幼兒盡情發揮、適性學習，真是生動有趣、變化無窮啊！

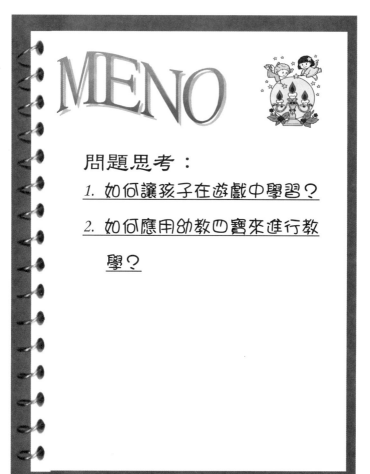

MENO

問題思考：

1. 如何讓孩子在遊戲中學習？

2. 如何應用幼教四寶來進行教

學？

節　次	題　綱　重　點
第一節　幼兒認知性學習的遊戲教學	一、接龍性遊戲教學法
	二、揭示性遊戲教學法
	三、配對性遊戲教學法
第二節　幼兒遊具性學習的遊戲教學	一、創意性遊戲教學法
	二、交錯性遊戲教學法
第三節　幼兒資源性學習的遊戲教學	一、沙的遊戲教學法
	二、水的遊戲教學法
	三、黏土的遊戲教學法
	四、積木的遊戲教學法

第九章
語言學習、紀律與整理

題綱：

1. 語言發展與學習
2. 人際互動與群性
3. 紀律與自我領導
4. 整理與收拾

　　語言是兒童發展過程中一項複雜而重要的領域，語言和幼兒的思考、記憶力息息相關，透過語言學習，幼兒能夠接受教育，表情達意並與人溝通。

　　幼兒的人際互動與溝通行為，是孩子社會性發展、以及與家長溝通的媒介。

　　學前幼兒的紀律，是幼兒的生活規矩，也是孩子道德發展的要項，更是孩子在社會化過程中逐漸習得的是非與價值判斷。

　　把課室的整理活動當作教學的一環，是生活教育裡的要項。

　　認知學習、情意與技能教育，都是幼兒班級經營的重要任務。

第一節 語言發展與學習

由於幼兒具體認知的特性，因此，幼兒教師可以透過圖案與造形，配合幼兒的與鹽、動作，以及簡單的文字，讓幼兒從文圖並茂中學習配對，

從幼兒語言發展的階段來看，幼兒的語言發展具有學習具有下列特徵：

一、新生兒期(零到一個月)——

哭是主要的與言，透過啼哭與反射性聲音表達訊息與反應外界刺激。

二、嬰兒時期(一個月到十二個月)——

前六個月是母音期，用咕咕聲來表達愉快或興奮的心情，正在牙牙學語，開始常識模仿成人的聲音和語言，透過旁人的逗弄，會有積極的與言反應。

三、幼兒早期(一歲到兩歲)——

先以單字說出物品名稱，透過單字來表達完整的句子意義；待逐漸發展為雙字句，以重疊的兩各自構成語意，例如：吃吃、棒棒等。

四、幼兒中期(兩歲到四歲)——

隨著年齡與生活經驗的增加，幼兒所利用的語彙迅速增加，並且呈現多字句的現象，說話開始具

有簡單的語意結構。幼兒正處於語言發展的關鍵期，豐富的視聽、圖畫刺激，能有助於語言能力與內容的發展。

五、幼兒後期(四歲到六歲)——

喜歡發問，將使幼兒更早學會運用較複雜的文法結構；有時候會發現，幼兒說話的音調和口氣類似成人般老氣橫秋；當幼兒開始初步閱讀，喜愛圖畫書，會認簡單的字時；同時也有寫字的欲望與傾向。

幼兒的語言學習，常受到性別、家庭的方言背景、父母的教養態度等因素的影響。

輔導幼兒語言與學習時，應當從嬰兒期就常和孩子交談，平時多聽孩子說話，盡量給予表達的機會，也可以唸書給孩子聽，提供豐富的語言學習環境，示範和鼓勵正確的語言，溫和而不批評的糾正孩子語言上的錯誤。對於語言發展遲緩的孩子尤須及早、及時請教語言治療專家或尋求專業老師的協助。

第二節　人際互動與群性

　　幼兒同儕間的人際互動與溝通行為,源於幼兒的社會性,是幼兒群性發展的重要歷程。「群性」源於幼兒的依附性,是指人際間一種聚集的感覺。

　　幼兒對於他想要親近的人,能夠如願的常常親近,心理便會感到安全與滿足,在和別人的相處與溝通之中,情緒比較穩定,挫折的容忍度比較高,也容易對自己充滿信心。相反的,如果幼兒經常看不到他想要接近的父母親,小心靈裡會常有不安全的感覺,就容易顯現出焦躁、易怒、迴避退縮、冷漠、矛盾的性格與行為。

　　老師要輔導幼兒的人際互動與群性,可採取下列方式進行:

一、由親職教育著手

　　讓父母體會幼兒的依附心理,瞭解父母角色的重要性;老師要把握父母每天接送幼兒的時候,重點式的進行溝通與機會教育;當然,園所裡定期的親職活動是不可或缺的。

二、把握幼兒群性適應、與人共處的練習機會

　　老師要納入每天課程活動之中,讓孩子在常態的學習情境裡,自然而然的學習人際與溝通;例如:

在角落學習區裡提供兩人、三人、四人互動操作的
資源，讓孩子透過合作、角色扮演、戲劇擬人化的
方式來培養人際與溝通的技巧

三、統合幼兒人際與群性發展的相關因素

　　與幼兒人際溝通能力還包括幼兒的語言發展。對
於在發音、構因、語暢等語言表達具有障礙的幼兒，
老師要引導家長從醫療與日常輔導雙管齊下。

　　一般孩子可以透過說故事比賽、說好聽的話、禮
貌課等活動進行輔導。此外，老師也要善於發揮身
教的作用和影響，再和孩子於共同進行的教學活動
裡進行演練。

第三節　紀律與自我引導

　　幼兒正在發展中。老師在輔導幼兒行為時，對於幼兒的道德發展、紀律與自我引導是必須正視與考量的前提。

一、幼兒的道德發展

　　心理學家認為，從學前幼稚園到小學低年級的道德發展，是屬於「道德成規期」，這個時期的發展特徵有兩個階段：

（一）是逃避懲罰，服從取向時期：

　　這個時期的兒童還缺乏對錯、善惡的分辨能力，往往因為害怕被處罰而服從規範。所以有些時候成人藉著處罰來消除孩子的偏差行為，孩子或許會暫時收斂，卻又常常再犯。主要的因素便由於孩子只是畏於鞭子拳頭，內心並不知其所以，自然容易重複先前的行為。

（二）是相對功利取向時期：

　　由於孩子受到成人行為的影響，注重行為好壞的結果，為了希望在行為表現之後，能得到獎勵，因此會遵守獎勵要求的規範。所以，透過鼓勵的態度，以積極正向的引導方式，提供可模仿的範例，利用獎牌、貼紙……來鼓勵孩子養成乖寶寶的好行為，都是學前階段培養幼兒遵守紀律可行的方法。

例如：小俐和小琪是雙胞胎姊妹，因為在家裡發生的一件事，使他們整天互不說話。原來，前晚在家時，小俐想拿櫥櫃裡的糖，打破了一個杯子；小琪想搬動桌子放玩具，卻打破了兩個杯子。結果，兩人都各自挨打了一下或兩下。這樣的處理方法，是值得幼兒父母及老師加以思考的，孩子行為的動機，老師必須了解，才能對行為後果作出適當的處理。

二、幼兒紀律行為的培養

培養幼兒的紀律性行為，可以朝下列方向著手：

（一）強調幼兒行為的自發性

要耐著性子不斷反覆提醒孩子正確的行為表現，用孩子聽得懂的語言和方式來輔導；最好的方法是提供具體可見的楷模。

例如：「每日一星的乖寶寶」、「好行為的貼紙獎」、「模範寶寶表揚」，以及鼓勵每個孩子的「我的好行為」，和「進步獎」等都是妙策。

（二）引導幼兒學習反省

紀律強調經由內在的體會，內化為自身行為舉止的一部份自然而然表現於生活中的言行與態度，是一項導向主動性的行為。

引導孩子遵守的紀律，應當一致性，並講求公平，讓孩子感到合理。而且因為幼兒自我中心的本性，輔導時應該從幼兒自身的角度著眼，比較能夠讓幼兒感受到溫馨、貼心，而容易達到輔導的效果。

（三）養成幼兒遵守紀律的習慣

在幼兒行為輔導上，尊守紀律的態度是影響幼兒社會適應的關鍵，對於幼兒與同儕相處，尤其重要。

老師可與家長互相配合，從日常生活中，引導幼兒把尊守紀律視為行為舉止的一部分，讓幼兒習以為常、並且習慣成自然。

三、幼兒的自我引導

每個幼兒都潛藏著主動探索和自動自發的內在學習動機，這種自我引導的欲望，可以經由老師課前用心的情境規劃和教學設計，得到啟發。

當孩子的心智如海綿般的吸收時，也是孩子最專注、學習最深刻的時候。所以，老師對於幼兒學習特性與發展階段的了解，是輔導幼兒養成自我引導，主動學習的根本。

（一）幼兒自我導向的特質

三到六歲的孩子正處在運思前期的認知發展階段，開始學習運用簡單的符號來進行思考，同時也逐漸了解大、小順序，會玩模仿式的裝扮遊戲。老師必須就幼兒自我中心的特性，透過具體物的操作，來激發幼兒自我引導、自我學習的潛能。這些學習活動，也是帶領孩子邁向獨立的起步。

（二）善用增強行為

讓孩子體會與滿足自我引導的可行性，老師的鼓勵與讚美，是最好的增強方式。用正向、積極的引導，強調孩子的好表現，提供好的示範和楷模，同時尊重幼兒的自主性，讓他表示意見，給予彈性和自由，允許孩子犯錯的機會，將使幼兒學得更活潑，更充實，更有自信。

（三）幼兒自我導向的輔導要領

以「餐桌禮儀」為例，引導幼兒漸進學習，逐步自我引導，養成良好的習慣。

這項自我引導的學習步驟是：

1. 在地板上鋪上塑膠布。（約三十公分到五十公分正方形）。
2. 放上小椅子。
3. 椅面墊四開大的畫板。
4. 排隊取餐點，同時拿一張餐紙巾。
5. 坐在椅子前的地板上，開始用餐。
6. 餐後，用紙巾擦嘴。
7. 用紙巾的另一方面把畫板擦乾淨。
8. 把餐具送到收集籃裡。

9. 把塑膠布摺妥，夾在畫板上，掛好。

10. 把椅子放回原處。

　　整個學習活動以每天十分鐘、逐漸累加學習內容的方式依序進行。一週以後，大班舉行觀摩表演，中小班的弟弟、妹妹都來看；第二週是中班表演，最後連小班也演講給大家看了。老師們透過觀察記錄表，同時請家長在家裡評量孩子的行為，

第四節　整理與收拾

整理活動是幼兒表現行為規範與遵守團體紀律的表現。透過幼兒每日活動流程，老師可以把整理與收拾歸屬於幼兒結束每日學習的前奏。

具體的作法是：

一、利用午餐的實地練習

全日班幼兒通常每星期有五天要在學校用午餐，餐桌禮儀是園所必須把握的機會教育。

讓幼兒利用午餐的練習方式是：

（一）自行服務和取用

園（所）準備讓孩子容易自行取用的舀勺，每天從廚房媽媽送來的蒸洗後的餐具和餐點開始，就有兩個小值日生出來替大家拿出餐巾紙，放在鍋蓋、舀菜的勺子；然後讓孩子排隊依序自己盛取。

（二）教學活動的實踐

配合健康領域的教學，並且經過多次的練習，幼兒已經學會使用湯匙和筷子，也知道盛飯菜時不爭先恐後，吃多少裝多少，並且要把碗裡的飯菜吃光光。

進餐時，園裡有輕柔的音樂和一分鐘生活小故事，吸引幼兒專心吃飯不走動、不講話。飯後，孩子們把小嘴巴擦乾淨，小碗裡、桌面、地面也擦一擦，再把紙屑丟掉，餐具放到清洗籃中，到洗手台刷刷牙，然後就可以到角落裡看故事書，直到午休的音樂響起。

二、透過午餐的自發應用

午休讓孩子可以自我整理、循序進行下列活動：

（一）讓幼兒在自己的位置上做好睡覺的準備

幼兒要在分配好的地方鋪好墊子，蓋好被，安靜的躺下來。

（二）保持適當的溫暖與睡姿

幼兒要注意室內空調，自己蓋好棉被（或被單）；並且以躺直、放鬆的姿式，和其他幼兒保持適當距離，安靜入眠。

午休時，老師宜把握時間休息、保持體力，除非必要或時間急迫，所有準備工作都盡量在課前或課後做。

三、午後的自發性活動

幼兒的午後活動包括寢具收拾，吃點心，還有角落探索。

對慣於自我學習的幼兒言，活潑地與同儕幼兒快樂的學興趣課程、到園區玩大型遊具，收妥書包袋與老師叮嚀交給爸媽的通知，正是準備高興回家的前一刻。

四、可學習的實例

通常，三歲的孩子喜歡收積木，對各式各樣能裝的、用拼湊的、要接龍的，都能引起興趣；四歲的幼兒喜歡排桌子，往往不需要別人的幫忙，就能很快速、沒有聲響的把桌子排回原位；五歲的小孩會將地上的小紙片收拾乾淨，因為怕地上太髒，看起來很亂，而且擔心滑倒；六歲的大哥哥姊姊比較懂事，不僅上課專心，在角落學習區裡也常非常專注的操作玩具，同時很用心的整理和收拾。

下列步驟，可以提供幼兒園（所）實做時的參考：

（一）準備適合幼兒高度，可以讓幼兒輕易取用的整理用具及櫥櫃。

（二）將整理的項目明確的分工，並且明確的告訴每個幼兒負責的部份。

（三）將每一項工作的操作順序細步化，並且仔細的邊作邊示範。

（四）講孩子有嘗試錯誤和練習的機會。

（五）透過公開的示範表演，鼓勵幼兒熟練整理的流程和技巧。

（六）在實際的整理活動中，要善用增強物，例如貼紙、乖寶寶卡，或翹大拇指稱讚，摸摸頭讚美等，來激發與延續幼兒的好行為。

（七）整理後，有全班幼兒共同分享和討論的機會。

幼兒都極具可塑性的天賦，因此，老師需針對不同年齡階段，把學習的內容轉換成幼兒能夠接受的方式；並且要用幼兒聽得懂的話說清楚，要用幼兒看得懂的慢動作仔細示範。

在教導的過程中，要能心平氣和、不厭其煩的重複說明和示範，還要在幼兒做中學裡隨機引導。

幼兒能進行的整理項目，主要是，能把自己的衣服、書包收好，會把使用後的物品放回原來的地方，並且擺好；下課後，吃點心；飯後，會把桌面、地面收拾乾淨；知道紙屑要丟到垃圾桶裡；午睡醒後，能獨自或是和小朋友一起把被子枕頭摺好、放好。從課室整理做起，培養孩子整理的好習慣，是養成孩子從生活中訓練孩子清潔、秩序、節制的能力，也是邁向獨立自主的起步。

幼稚園與托兒所的班級經營雖然經緯萬端，但是從最實用的功能性著眼，卻是可按部就班，循序漸進的。隨時充實學理認知概念，加以調適轉換，具體落實到日常教學應用中，如此一來，相信每一位幼教夥伴不僅都能得心應手，在教師生涯規劃與成長上，也都更能自我提昇，自我實現！

願所有的幼教園丁都懷著赤子之心，悠游在快樂、希望的幼教園地裡，一天比一天更充實，更進步！

MEMO

問題思考：

1. 老師可設計哪些活動促進幼兒語言發展？

2. 如何輔導幼兒漸進學習，逐步自我引導？

3. 老師應如何教導幼兒進行課室整理？

節　次	題　綱　重　點
第一節　語言發展與學習	一、新生兒期（零到一個月） 二、嬰兒時期（一個月到十二個月） 三、幼兒早期（一歲到兩歲） 四、幼兒中期（兩歲到四歲） 五、幼兒後期（四歲到六歲）
第二節　人際互動與群性	一、由親職教育著手 二、把握幼兒群性適應、與人共處的練習機會 三、統合幼兒人際與群性發展的相關因素
第三節　紀律與自我領導	一、幼兒的道德發展 二、幼兒紀律行為的培養 三、幼兒的自我引導
第四節　整理與收拾	一、利用午餐的實地練習 二、透過午餐的自發運用 三、午後的自發性活動 四、可學習的實例

第十章　親師交流與溝通

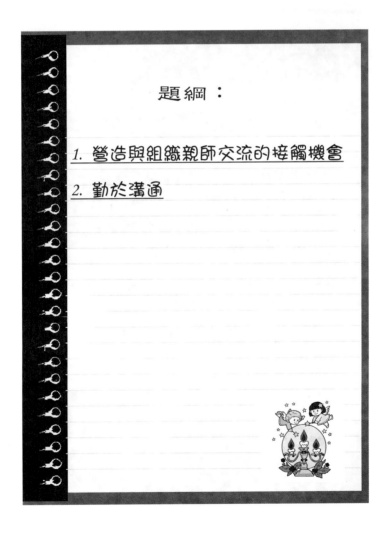

題綱：

1. 營造與組織親師交流的接觸機會

2. 勤於溝通

幼兒教師的主要教育對象是學齡前幼兒，但是，要把幼兒教好，卻不能忽略與家長經常溝通及保持聯繫。

　　幼兒班級經營的場所雖然在園（所）裡，但是，影響幼兒班級經營的相關因素，卻是老師必須重視而不可忽略的要環。

　　親師交流與溝通，是影響幼兒班級經營潛在而有力的重要課題。

第一節 營造與組織親師交流的接觸機會

　　親師交流是促進幼兒教師瞭解與引導幼兒成長與學習的助力。對於幼兒教師而言，用心地營造與組織親師交流的任何機會，與鑽研於幼兒的教學輔導具有相同的重要性。

　　幼兒教師可以透過下列方式，營造與組織親師交流的機會，並和班上幼兒家長建立良好的親師夥伴關係：

一、瞭解與接納家長對幼兒學習的期許

　　在學期開始，甚至於接班開始，幼兒教師就必須配合園務進度，以下列方法瞭解與接納家長的需求：

　　（一）寫一封給家長的信—
　　信的內容可以包括：
　　1.對家長傳達園（所）新學期的辦學方向
　　2.和家長談談將以老師以什麼樣的準備來引導幼兒進行新里程的學習
　　3.當然，最重要的是，留一片空白請家長提出對幼兒學習的期許。
　　4.如果這是個新班級，或者身為一位新到任的教師，就必須在開場白的問候之後，先讓家長認識

老師。

　　5.在信末，附上新學期提醒的配合事項與攜帶物。

　　（二）打電話和家長聯繫：

　　電話的內容要比信精簡，但是動態的聲音更直接、也讓家長在互動中感到親切、體會到老師對幼兒的關心。電話的重點如下：

　　1.表達問候。如果已熟識，語氣上可以更熱絡。

　　2.稱讚幼兒的進步、垂詢幼兒居家情形。

　　3.說明幼兒新學期的方向，若園（所）有任何新的措施，要一併解釋。

　　4.提醒開學配合事項。

　　5.誠懇的告知保持聯繫、並且表達協助家長教育幼兒的誠意。

　　不論寫信或打電話，老師都應當把想法和作法讓園長知道，並且徵求同意；同時把家長對幼兒的期許以加以統整，轉達園長。

　　面對家長在幼兒學習方面的需求，幼兒教師需以設身處地的立場接納（假如我是幼兒的父母，我希望孩子學什麼？）。許多幼兒教師常不能理解有些家長望子女成龍鳳的期盼心理，動輒嗤以揠苗助長的不屑和輕蔑；實際上，老師可以轉換為體諒的思考，瞭解家長的殷切、用符合幼兒教育的方法來引導家長期盼幼兒的學習。

　　例如：以長久以來，一直困擾幼兒教師的是家長要求幼兒學注音符號的事。幼兒的小肌肉尚未發達，老師可以透過遊戲的方式，從說、聽、讀三方面循序漸進，並且輔以小肌肉抓沙、塗鴉等活動，等幼兒大班後，小肌肉與指關節成熟了，再漸漸導入運筆遊戲與筆劃練習；學習是中性的，老師要能把教的方法婉轉告訴急切的家長，卻沒有必要全盤否定家長的需求，老師可以設身處地的了解並接納家長的要求，但是一定要基於幼兒的學習型態來進行教學和引導。

二、傾聽與協助家長在家教育幼兒的方法

家長到園接送幼兒的時候，除了值週、寒暄以外，只要有空，老師要盡量放下手邊的工作，趨前和家長談談孩子的狀況。這些要領是：

（一）以親切的眼神表現對家長的歡迎。

可以暫時放下正忙著的事情，或者是向家長招招手，迎向家長。

如果一時放不下手，也可以用話留住家長，請家長稍等，老師想和他說說話；除非家長另有要事，通常家長都會稍留片刻老師交談。

若是很熟的家長，能和老師邊做邊聊，也可以。

（二）用輪流的方式。分別和每一位幼兒家長談。

最好每天和一位不同的家長聊。若有些家長正好不方便，亦可加以調整；如果老師能事先規劃、

排出順序、告知家長，順序上就更容易調整了。

（三）把握與家長談話的重點。

可以把握下列要領：

1. 直接切入孩子的話題。

2. 以專注、前傾的姿勢讓家長感受老師的用心。

3. 適時扭轉無關的話，圍繞話題的核心。

4. 覺察家長談話的心理。有些家長不好意思直言，老師可以引導家長盡量表達。

5. 對於尖銳的談話內容要具有免疫力，不要因為家長某些坦率的話輕易讓自己受傷；也不要過當防衛。

（四）面對家長在家教育幼兒的困境。

讓家長陳述幼兒在家情形，遇有表示教養上的指導需求時，老師的態度是：

1. 仔細傾聽困境的關鍵。

2. 接納家長的感受，切忌以無所謂的敷衍，抹煞家長的憂心，例如：家長擔心左撇子，老師卻答：唉呀！別擔心哪，左撇子多的是，又不是只有你兒子！

3. 為家長尋求解答。如果自己一時無法提供，要允諾儘速協助。千萬不要迴避家長的問題，並且要周全的協助家長處理幼兒行為與提供教養的正確方法。

三、彙整家長資源，適時邀請家長參與幼兒學習活動

幼兒家長來自不同行業，家長的們不同的工作內

容與職業特質，基本上就是幼兒認識社會的活教材。

幼兒教師可以從下列方向善加運用家長資源：

（一）瞭解與統計家長行業

可行的方法是：

1.從幼兒學籍資料蒐集。大多數家長都會將行業與職務記載於幼兒的基本資料上，老師可以先做初步的瞭解。

2.與幼兒交談做一檢核。有些家長在職業欄上留白，老師可以在幼兒活動中，輕聲、單獨地和幼兒談起；此亦可避免也許有些家長的避諱，或幼兒自覺的自卑。

3.和家長實際接觸中瞭解。從輕鬆的對話中故做不經意的提及，可避免直接詢問的尷尬。

4.從其他教師處探問瞭解。有些老師教過幼兒，或者是幼兒的兄弟姊妹，這些資源都能進一步蒐集。

（二）配合幼兒學習進度，納入家長資源

從幼兒學習內容的相關性，進行彙整資源。

1.配合節日的部份：警察節請警察叔叔現身說法、中秋節到開麵包店的家裡看月餅的製作……。

2.配合活動部份：郊遊時，種花生的家長教大家田裡拔花生；有稻田的，可以讓幼兒觀察插秧和割稻的情形。

3.配合學習部份：教插花的媽媽，來指導幼兒簡單的花飾；會剪紙的阿姨，來帶大家玩玩紙的世界。

4.配合師訓和親職教育部份：邀請和教育相關領域的家長，分享教育與學習的要領。

此外，幼兒教師猶應積極回應家長意見、主動與家長保持聯繫與溝通、並勵家長參與園（所）舉辦的各項親職教育活動，把握各項營造與組織親師交流的接觸機會，讓老師教得更穩健、讓師關係更密切、讓幼兒成長得更好。

第二節 勤於溝通

溝通是人際間傳遞訊息、交換意見、化解誤會與衝突的媒介。通常，幼兒教師的人際接觸與溝通對象，包括：園長、同事（含幼兒教師、行政人員）、家長、幼兒以及自己的家人等。

然則，溝通是一種雙向的互動的歷程；溝通的最大目的，在於將"溝"，通之於無的效果。欲期防範事態轉惡、發於未然，積極主動的溝通尤其必要。

幼兒教師終日辛勞，與周遭人際互動頻繁，勤於溝通可以避免無謂的事端，更要不厭其煩。

幼兒教師要做到勤於溝通，可以參考下列原則：

一、行事前的溝通原則

行事之前先進行溝通，要掌握的原則是：

（一）具有誠意

讓被溝通者知道來者是善的，是真心來討論問題的。

（二）態度謙虛

以請教的心情與被溝通者論事，不論對園長、家長或幼兒，溫和的、商量的態度，是必須的。

（三）表達徵詢與說明

以討論的口吻、敘述原由與動機，讓對方瞭解用意，尋求支持。

（四）顯示尊重

使對方感到受尊崇、有被敬重的舒服和欣慰，能夠以理性的思考相互對談。

（五）不預設堅定不移的立場

溝通前必須先心有主見，卻不必固執於不可調整、堅持不變的定見；在協調過程中，以各有守、讓的胸襟，最能避免挫折與溝通失敗。

（六）有多次溝通的心理準備

不企求一次溝通即可達成目的，給自己緩衝、再作縝密思考；也給自己信心，用最大的努力，做最滿意的溝通。

二、行事過程中的溝通原則

行事過程中的溝通性質，具有尋求支持與化解阻力的性質。幼兒教師可以把握的原則是：

（一）平穩情緒

即使遭受誤解，令自己感到委屈，要先讓心境緩和之後，再進行溝通。

（二）抱持說明的態度

以理性、沈著、平穩、反覆解釋的方式，表達自己的想法與立場。

（三）克服膽怯

認為溝通是必然的過程，毋需有畏懼、逃避、退縮、甚至厭煩的負向心理。勇於溝通是勤於溝通的起步。

（四）暫停行事

必要時，暫時停止正在作的事情，待溝通後再繼續進行；切莫自以為式的一意孤行，或者是自暴自棄的半途而廢。

二、行事後的溝通原則

事情完成後，絕不可以因為事過境遷，好壞由他而忽略溝通。行事後的溝通可以依循的原則是：

（一）注意時機

要拿捏適當的機會進行溝通，有些事可能具有時效，有些事則可能必須藉助時間的力量，讓事件的誤解沈澱、避免發酵。

（二）敏銳觀察

在開口之前，要先用心聽、看，事情的發展與影響，調適溝通的尺度。

（三）讓行為說話

有些自己事先渾然不覺嚴重，做過之後，卻遭致不少批評；同時，也有溝通之後是否弄巧成拙的顧慮，則不必急於一時，可以讓時間來洗煉，讓行為說話，佐證處事的用心。

舉一個和家長溝通的例子來說吧！李老師想透過聯絡簿，告訴家長他的「幼愛信箱」的構想，希望家長透過寫信常溝通……。李老師就可以採事前先和園長說明、徵得肯定後，每有信會家長意見，適度向園長反映，最後，並把所有家長的來信，做一彙整，轉達園長。這就是一個典型的把握溝通則進行溝通的歷程。

溝通最大的效用，在於化阻力為助力，以獲致雙贏的結果，創造值回票價、皆大歡喜的局面。

幼兒教師在體認自身應具備的能力之後，將能更有自信地勝任千頭萬緒的教學、輔導與行政工作。

問題思考：

1. 老師如何與家長進行情感交流與意見溝通？

2. 舉出培養幼兒遵守紀律的方法。

3. 老師引導幼兒遵守紀律時，應抱持什麼態度？

節　次	題　綱　重　點
第一節　營造與組織親師交流的機會	一、瞭解與接納家長對幼兒學習的期許 二、傾聽與協助家長在家教育的方法 三、彙整家長資源，適時邀請家長參與幼兒學習活動
第二節　勤於溝通	一、行事前的溝通原則 二、行事過程中的溝通原則 三、行事後的溝通原則

國家圖書館出版品預行編目資料

幼兒班級經營／黃世鈺著.
—三版.—臺北市：五南，2003〔民92〕
面；　公分
ISBN 978-957-11-3321-8（平裝）
1.學前教育－教學法
523.23　　　　　　　　92010966

1IAU
幼兒班級經營

作　　者 —	黃世鈺(293)	
發 行 人 —	楊榮川	
總 編 輯 —	王翠華	
主　　編 —	陳念祖	
責任編輯 —	賴素琴	
出 版 者 —	五南圖書出版股份有限公司	

地　　址：106台北市大安區和平東路二段339號4樓
電　　話：(02)2705-5066　傳　　真：(02)2706-6100
網　　址：http://www.wunan.com.tw
電子郵件：wunan@wunan.com.tw
劃撥帳號：01068953
戶　　名：五南圖書出版股份有限公司

台中市駐區辦公室/台中市中區中山路6號
電　　話：(04)2223-0891　傳　　真：(04)2223-3549
高雄市駐區辦公室/高雄市新興區中山一路290號
電　　話：(07)2358-702　傳　　真：(07)2350-236

法律顧問　元貞聯合法律事務所　張澤平律師

出版日期　1999年　3月初版一刷
　　　　　2000年　4月二版一刷
　　　　　2001年　5月二版二刷
　　　　　2003年11月三版一刷
　　　　　2012年10月三版五刷

定　　價　新臺幣240元